Eva Tobler

alt gelobt – neu gedacht

TVZ

Eva Tobler

alt gelobt – neu gedacht

Gegenstücke zu Psalmen

Theologischer Verlag Zürich

Publiziert mit freundlicher Unterstützung
des Pfarrvereins des Kantons Zürich.

Der Theologische Verlag Zürich wird vom Bundesamt für Kultur
für die Jahre 2026–2028 mit einem Strukturbeitrag unterstützt.

Bibliografische Informationen der Deutschen Nationalbibliothek
Die Deutsche Nationalbibliothek verzeichnet diese Publikation
in der Deutschen Nationalbibliografie; detaillierte bibliografische
Daten sind im Internet über http://dnb.dnb.de abrufbar.

Umschlaggestaltung
Simone Ackermann, Zürich
Bild Umschlag und Bilder S. 11, 27, 45, 61, 68, 90, 106, 124

Druck
gapp print, Wangen im Allgäu

ISBN 978-3-290-18769-9 (Print)
ISBN 978-3-290-18770-5 (E-Book: PDF)

www.tvz-verlag.ch

Inhalt

Psalmen als Gegenüber

Die Psalmen gehören traditionell zu den wichtigsten Gebeten der Christen. In Klöstern werden sie noch täglich gesungen, zum Teil auf die alten gregorianischen Melodien. Noch heute empfinden wir sie als Türöffner zur geistigen Welt. Die Musik vermag über manches hinwegzutragen, das wir so sonst kaum mehr beten könnten. Denn zwischen uns und den biblischen Psalmen liegen nicht nur etwa zweieinhalbtausend Jahre, sondern auch Leben, Tod und Auferstehung Christi und damit ein anderes Gottes- und Menschenbild.

In der Gottesdienstpraxis führte das dazu, dass kaum ganze Psalmen gebetet werden. Anstössiges wird herausgestrichen, oft werden nur einzelne Verse zitiert. Die Psalmenlieder in den Kirchengesangbüchern sind spätere Bereimungen, die sich nicht nur formal, sondern auch inhaltlich erheblich vom Psalm unterscheiden.

Wer die Psalmen in der Bibel liest, liest sie entweder «naiv», das heisst: als so überlieferte biblische Texte, oder mit einem wissenschaftlichen Hintergrund, wie ihn die alttestamentliche Forschung zur Verfügung stellt. Diese versucht mittels historisch-kritischer Exegese die oft heterogenen Texte zu gliedern, zeitlich einzuordnen und deren historische Funktion zu erahnen. Selbstverständlich weiss die Forschung, dass David – er gilt der Bibel als Autor vieler Psalmen – mit höchster Wahrscheinlichkeit kein Dichter war. Die kultischen Lieder wurden dem König Israels, der vermutlich um 1000 v. Chr. ein Fürst in Palästina war, zugeschrieben.

Die hier vorliegenden Psalmen-Gegenstücke basieren auf einer «naiven» Lesung. So als sässe jemand dem Psalm gegenüber und liesse diesen auf sich wirken. Das Psalmen-Ich, oft

David, wird zum Dialogpartner des lyrischen Ichs im Gegenstück. Die zwei könnten unterschiedlicher nicht sein. Das Gegenüber des biblischen Psalms ist ein modernes, kritisches Ich, bestimmt von heutigen Werten und Erfahrungen und dem christlichen Glauben. Aus dieser Position hinterfragt es so manche Selbstverständlichkeit der biblischen Psalmen. Dazu gehören deren Dualismus, die Einteilung in Gerechte und Frevler, der Aufruf zur Gewalt an nur vage definierten Feinden, deren gnadenlose Vernichtung herbeigebetet wird. Nicht weniger hinterfragt es die Selbstgerechtigkeit des Psalmisten und dessen Gottesbild, ein im Himmel thronender Herr, der die oft abartigen Wünsche des Betenden erfüllen soll.

In gleicher Weise aber respektiert, ja achtet das Gegenüber das Psalmen-Ich. Dessen Glaube und auch dessen Not werden aufgegriffen, weitergedacht, Gegenwärtiges darin gespiegelt. Dem Gegenüber fehlt auch nicht der prüfende Blick auf die eigene Glaubenssituation, die Verstricktheit unserer Gesellschaft in ein Weltbild, in dem ein selbstverständlicher Glaube, wie er den Psalmisten prägte, kaum mehr gelebt wird. Und ihm fehlt nicht die Trauer über die Gleichgültigkeit dieser Gesellschaft gegenüber der religiösen Tradition.

Die Gegenstücke sind keine Psalmen. Sie wollen in keiner Weise für diese Ersatz sein. Es sind, bis auf wenige Ausnahmen, auch keine Gebete. Ihr Gegenüber ist nicht Gott, sondern der Psalm. Will man für sie eine Textgattung finden, könnte man sie lyrische Kürzestpredigten nennen. Ihre Absicht ist, den alttestamentlichen Psalmen neu zu begegnen. Betlehem und Golgota werden dabei mitgelesen. Vermeintlich historische Spuren, insbesondere aus den Samuelbüchern, und die christliche Wirkungsgeschichte gewisser Psalmen, wie zum Beispiel von Psalm 23 oder Psalm 46, werden mitgedacht.

Die Auswahl der Psalmen folgte keinem Konzept. Zu einem Gegenstück inspirierten jene, die in besonderer Weise

Denk- und Glaubensanstösse waren. Doch war von Anfang an klar, dass Psalm 22, den Jesus am Kreuz betete, die Mitte des Buches bilden sollte. Vor und nach ihm sind es je drei mal sieben Psalmen mit ihren Gegenstücken. Gegliedert werden sie durch einfache Tintenstiftzeichnungen von Türmen, in Anlehnung an die christliche Symbolik des Davidturms. Mit dem Turm Davids wird im Hohelied der Hals der Geliebten verglichen. Über die allegorische Auslegungstradition dieser ursprünglichen Liebesgedichte wurde der Turm Davids zum bevorzugten Bild für einen unerschütterlichen Glauben von Christinnen und Christen. Die Zeichnungen zeigen nun allerdings keine standhaften Türme. Im Gegenteil. Es sind fragile, unfertige Gebilde, die versinnbildlichen, dass der Glaube ein Leben lang umkreist, ja umworben sein will, wozu die Psalmen selbst, zum Beispiel Psalm 48,13, mit bildhaften Worten auffordern: «Umkreist den Zion, umschreitet ihn, zählt seine Türme.»

So ist es auch das Ziel der Gegenstücke, zur tieferen Auseinandersetzung mit dem eigenen Glauben beizutragen. Einem Glauben allerdings, der sich nicht von einer oft belastenden Tradition absetzen will, sondern diese mitträgt, ihr aber offen, kritisch und mit angezeigter Distanz begegnet.

turm

jetzt wo wir wanken

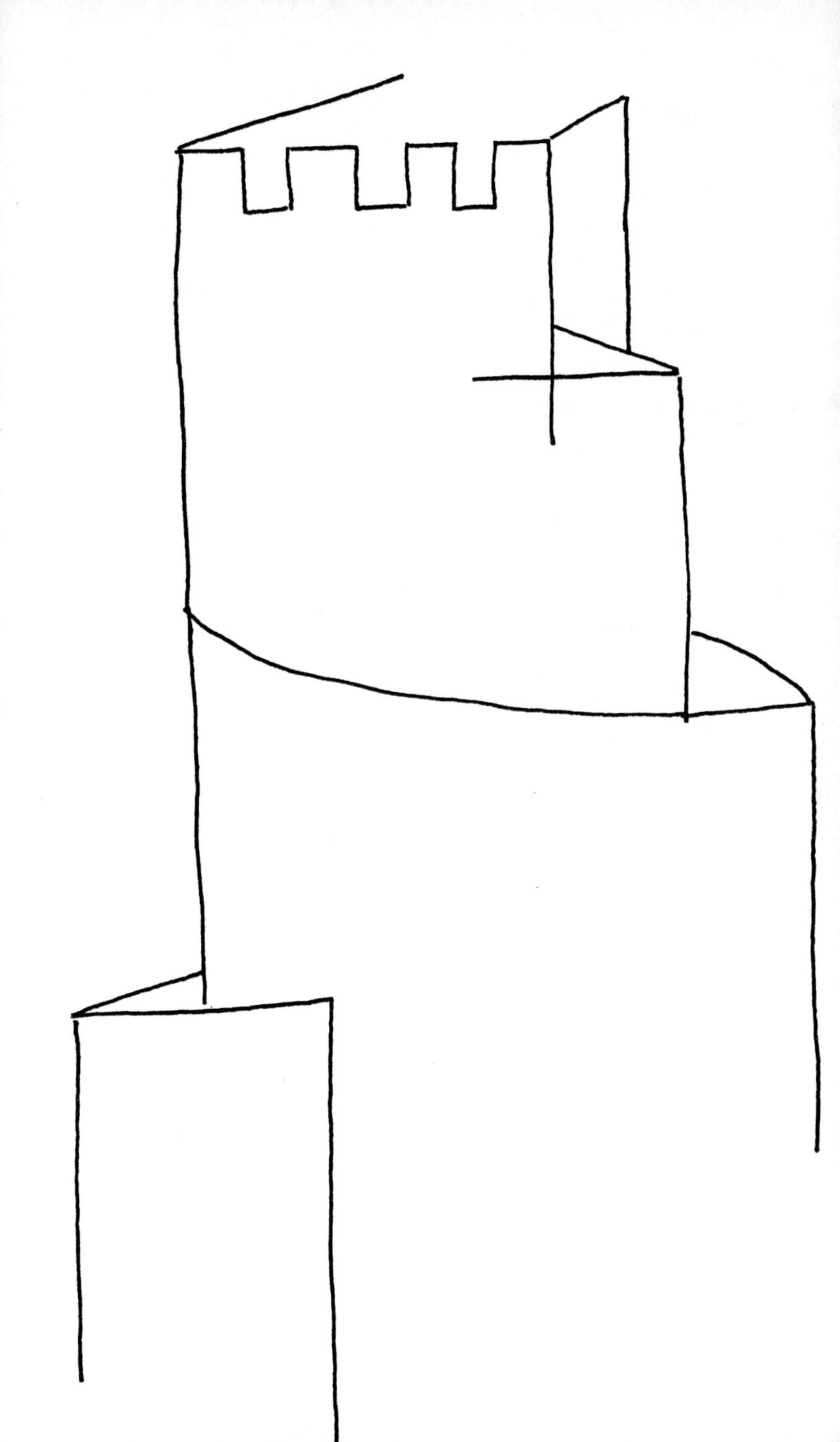

PSALM 1

Wohl dem,
der nicht dem Rat der Frevler folgt
und nicht auf den Weg der Sünder tritt,
noch sitzt im Kreis der Spötter,
sondern seine Lust hat an der Weisung des HERRN
und sinnt über seiner Weisung Tag und Nacht.
Der ist wie ein Baum, an Wasserbächen gepflanzt:
Er bringt seine Frucht zu seiner Zeit,
und seine Blätter welken nicht.
Alles, was er tut, gerät ihm wohl.
Nicht so die Frevler;
sie sind wie Spreu, die der Wind verweht.
Darum werden die Frevler nicht bestehen im Gericht,
noch die Sünder in der Gemeinde der Gerechten.
Denn der HERR kennt den Weg der Gerechten,
der Weg der Frevler aber vergeht.

psalm 1

der psalmist liebt
schwarz und weiss
den schmalen weg
für den gerechten
wir aber treten breit

sünde lust und spott
die welt ein übler topf

nicht blätter nicht frucht
nur lose spreu seid ihr
gott kennt euch nicht
der frevler vergeht
der gerechte lebt
ruft der psalmist

und ahnt nicht
dass gottes licht
schwarz und weiss
in farbe bricht

PSALM 2

Warum sind die Nationen in Aufruhr
und sinnen die Völker Nichtiges?
Die Könige der Erde erheben sich,
und es verschwören sich die Fürsten
gegen den HERRN und seinen Gesalbten:
Lasst uns zerreissen ihre Stricke
und von uns werfen ihre Fesseln!
Der im Himmel thront, lacht,
der Herr spottet ihrer.
Da fährt er sie an in seinem Zorn,
und in seinem Grimm erschreckt er sie:
Ich selbst habe meinen König eingesetzt
auf Zion, meinem heiligen Berg.
Kundtun will ich den Beschluss des HERRN:
Er sprach zu mir: Mein Sohn bist du,
ich habe dich heute gezeugt.
Bitte mich, so gebe ich dir die Nationen zum Erbe
und die Enden der Erde zum Eigentum.
Du kannst sie zerschlagen mit eisernem Stab,
wie Töpfergeschirr sie zerschmeissen.
Darum, ihr Könige, kommt zur Einsicht,
lasst euch warnen, ihr Herrscher der Erde!
Dient dem HERRN mit Furcht,
und mit Zittern küsst seine Füsse,
damit er nicht zürnt und ihr nicht umkommt auf eurem Weg,
denn leicht entbrennt sein Zorn.

Wohl allen, die Zuflucht suchen bei ihm.

psalm 2

wir feiern
tote helden
zerbombte städte
verminte felder
spotten deiner
sein zorn ist dahin
der sohn tot
die macht ist uns

warum
schlägst du uns nicht
mit eisernem stab
dass wir in scherben gehen
wie töpfergeschirr
warum
bist du kein gott
der stricke zerreisst

das sei am kreuz getan
sagst du

das verstehen wir nicht

PSALM 3

Ein Psalm Davids, als er vor seinem Sohn Absalom floh.

HERR, wie zahlreich sind meine Feinde,
viele sind es, die gegen mich aufstehen,
viele, die von mir sagen:
Er hat keine Hilfe bei Gott.
Du aber, HERR, bist mir Schild,
bist meine Ehre und erhebst mein Haupt.
Laut rufe ich zum HERRN, und er antwortet mir von seinem heiligen Berg.
Ich lag und schlief, nun bin ich erwacht,
denn der HERR hält mich.
Ich fürchte mich nicht vor vielen tausend Kriegern,
die ringsum mich belagern.
Steh auf, HERR, hilf mir, mein Gott.
Allen meinen Feinden hast du das Kinn zerschmettert,
die Zähne der Frevler hast du zerschlagen.
Beim HERRN ist die Hilfe,
dein Segen über deinem Volk.

psalm 3

von david
wegen absalom

absalom heisst
dem vater friede
so nannte er den sohn

er missriet
wollte herrschen
des vaters tod

schont mir den buben
befahl david den soldaten
sie taten es nicht

und david weinte sehr
steht in der schrift
es war doch sein sohn

wir aber
singen dieses lied
ausgeschlagene Zähne
zerschmetterte köpfe
vernichtet der feind
halleluja

und hören nicht
dass gott weint
mit vätern und
müttern um
tote söhne
tote töchter
alle tot

2. Samuel 19,1

Da durchfuhr es den König, und er stieg hinauf in das Obergemach im Tor und weinte. Und als er ging, sagte er dies: Mein Sohn! Absalom, mein Sohn! Mein Sohn Absalom! Wäre doch ich an deiner Stelle tot! Absalom, mein Sohn, mein Sohn!

PSALM 4

Für den Chormeister. Mit Saitenspiel. Ein Psalm Davids.

Erhöre mich, wenn ich rufe,
Gott meiner Gerechtigkeit.
In der Bedrängnis hast du mir Raum geschaffen.
Sei mir gnädig und höre mein Gebet.
Ihr Mächtigen, wie lange noch bleibt meine Ehre geschändet,
wollt ihr Nichtiges lieben, auf Lügen sinnen?
Erkennt, dass der Herr seinen Getreuen erwählt hat.
Der Herr hört, wenn ich zu ihm rufe.
Ereifert euch, doch sündigt nicht,
bedenkt es auf eurem Lager und werdet still.
Bringt wahre Opfer dar
und vertraut auf den Herrn.
Viele sagen: Wer lässt uns Gutes schauen?
Entschwunden ist über uns das Licht deines Angesichts, Herr.
Du hast mir Freude ins Herz gegeben,
mehr als in der Zeit, da es Korn und Wein gibt in Fülle.
In Frieden will ich mich niederlegen und schlafen,
denn du allein, Herr, lässt mich sicher wohnen.

psalm 4

von david
mit saitenspiel

er hört mich wenn ich rufe
lässt mich sicher wohnen

sie legten sich in kalte betten
neben gesangbuch und bibel
unter engel mit weiten flügeln
und sanftem blick
ach dieser kitsch

verdrängten dass
der geldbeutel leer
angeschrieben milch und brot
die lügen der mächtigen
leere versprechen
zu erschöpft sich zu ereifern
dankten sie gott
dass er sie hört

dahin sind sie
ihre bibeln liest keiner mehr
und längst entsorgt
die frommen bilder

nur die ahnung dass
damals etwas war und
nicht nichts
bleibt

PSALM 5

Für den Chormeister. Zum Flötenspiel. Ein Psalm Davids.

Höre meine Worte, HERR,
vernimm mein Seufzen.
Achte auf mein lautes Schreien,
mein König und mein Gott,
denn ich will zu dir beten.
HERR, am Morgen hörst du meine Stimme,
am Morgen richte ich dir Opfer zu und warte.
Denn du bist nicht ein Gott, dem Frevel gefällt,
nicht darf der Böse bei dir weilen.
Prahler dürfen nicht
vor deine Augen treten.
Du hasst alle Übeltäter,
vernichtest die Lügner.
Den Mörder und Betrüger
verabscheut der HERR.
Ich aber darf durch deine grosse Güte
eintreten in dein Haus.
Zu deinem heiligen Tempel hin will ich mich niederwerfen
in Ehrfurcht vor dir.
HERR, leite mich in deiner Gerechtigkeit
um meiner Feinde willen,
ebne vor mir deinen Weg.
Denn in ihrem Mund ist nichts Wahres,
ihr Inneres ist Verderben,

ein offenes Grab ist ihre Kehle,
aalglatt ist ihre Zunge.
Lass sie büssen, Gott,
sie sollen fallen durch ihre eigenen Ränke.
Ihrer vielen Verbrechen wegen verstosse sie,
denn sie lehnen sich auf gegen dich.

Doch freuen sollen sich alle, die bei dir Zuflucht suchen,
immerfort sollen sie jubeln.
Beschütze sie, dass über dich frohlocken,
die deinen Namen lieben.
Denn du, HERR, segnest den Gerechten,
wie mit einem Schild deckst du ihn mit Wohlgefallen.

psalm 5

zum flötenspiel
von david

beten will der könig
opfer bringen
seufzen schreien
lauter als alle flöten
und beschwört seinen gott
dass kein schuldiger
kein betrüger
weder schächer noch
lügner
gnade finde und
einlass in gottes haus
nur er
und die gerechten

erbettelt
für sich geebnete wege
für die feinde den tod
schreit gott ins ohr
ihr inneres sei verderben
aalglatt ihre zunge
spielt auf
flöten

denkbar
dass die flöten schweigen
stille
einer sagt
zu seinem feind
nebenan
heute im paradies

PSALM 8

Für den Chormeister. Nach dem Kelterlied. Ein Psalm Davids.

HERR, unser Herr,
wie herrlich ist dein Name in allen Landen,
der du deine Hoheit über den Himmel gebreitet hast.
Aus dem Mund der Kinder und Säuglinge
hast du ein Bollwerk errichtet
deiner Widersacher wegen,
um ein Ende zu bereiten dem Feind und dem Rachgierigen.
Wenn ich deinen Himmel sehe, das Werk deiner Finger,
den Mond und die Sterne, die du hingesetzt hast:
Was ist der Mensch, dass du seiner gedenkst,
und des Menschen Kind, dass du dich seiner annimmst?
Du hast ihn wenig geringer gemacht als Gott,
mit Ehre und Hoheit hast du ihn gekrönt.
Du hast ihn zum Herrscher gesetzt über die Werke deiner Hände,
alles hast du ihm unter die Füsse gelegt:
Schafe und Rinder, sie alle,
dazu auch die Tiere des Feldes,
die Vögel des Himmels und die Fische im Meer,
was da die Pfade der Meere durchzieht.
HERR, unser Herr,
wie herrlich ist dein Name in allen Landen.

psalm 8

zur kelter
von david

himmel und erde
das werk seiner hände
mond und sterne hingetupft
fische vögel schafe rinder
und der mensch
nur wenig geringer als gott
mein atem stockt

herr unser herr
wie herrlich ist dein name
vielfach vertont
kräftig besungen
gebetet nein
weshalb auch
wir sind die herrscher
sein werk zu füssen
zertreten wir es
was kümmern uns
die tiere des feldes
die fische im meer
wir schaffen eine neue erde
umgestülpt die alte
silber gold diamanten
seltene erden
das öl fliesst

und
wenn es sie noch gibt
die zum himmel schauen
mehr als ein lächeln
sind sie uns nicht wert

PSALM 11

Für den Chormeister. Von David.

Beim HERRN bin ich geborgen.
Wie könnt ihr zu mir sagen:
Flieh in die Berge wie ein Vogel.
Denn sieh, die Frevler spannen den Bogen,
schon haben sie ihren Pfeil auf die Sehne gelegt,
um im Dunkel zu schiessen auf die,
die aufrichtigen Herzens sind.
Wenn die Grundfesten stürzen,
was vermag der Gerechte?
Der HERR ist in seinem heiligen Palast,
der HERR hat im Himmel seinen Thron.
Seine Augen schauen herab, seine Blicke prüfen die Menschen.
Der HERR prüft den Gerechten und den Frevler,
und seine Seele hasst den, der Gewalt liebt.
Feurige Kohlen und Schwefel lasse er auf die Frevler regnen,
und Glutwind sei das Los ihres Bechers.
Denn der HERR ist gerecht, er liebt gerechte Taten;
die Aufrichtigen werden sein Angesicht schauen.

psalm 11

von david

jetzt wo die erde wankt
die grundfesten stürzen
gute und böse im glutwind
glauben wir nicht mehr
an deinen gott
david

fremd ist uns dein
himmelsthroner
der menschen prüft
feuer und schwefel wirft

vermessen dein lied

jetzt wo wir wanken
im glutwind
hoffen wir auf einen gott
der weiss was es
heisst zu leiden
david

turm

jetzt reden wir

PSALM 12

Für den Chormeister. Auf der Achten.
Ein Psalm Davids.

Hilf, HERR, denn dahin ist der Getreue,
verschwunden sind die Getreuen unter den Menschen.
Nichtiges reden sie untereinander,
mit glatter Zunge, mit zwiespältigem Herzen reden sie.
Der HERR vertilge alle falschen Lippen,
die Zunge, die vermessen redet,
die da sagen: Mit unserer Zunge sind wir mächtig,
unser Mund spricht für uns, wer kann Herr sein über uns.
Die Elenden werden unterdrückt, die Armen seufzen,
darum stehe ich auf, spricht der HERR,
und bringe Rettung dem, den man hart bedrängt.
Die Worte des HERRN sind lautere Worte,
Silber, im Schmelztiegel geläutert,
von Erde gereinigt siebenfach.
Du, HERR, wirst sie halten,
wirst ihn für immer bewahren vor dieser Generation,
auch wenn ringsum Frevler sind
und Niedertracht sich erhebt unter den Menschen.

psalm 12

von david
vertraute melodie

gott
dein wort ist verstummt
dein werk dahin

jetzt reden wir
zwiespältiges
nichtiges
mit glatter zunge

wir beten nicht
wir optimieren

wir schaffen

abfallberge
betonwüsten
tiere in die fleischfabrik
kriege ohne zahl
gefangene gefolterte
unterdrückte

sie breiten sich aus
über die erde
schreiendes elend
unser werk

wir haben taube ohren
und reden wir
so reden wir für uns

hörst du sie rufen

dann bewahre sie
vor uns

PSALM 13

Für den Chormeister. Ein Psalm Davids.

Wie lange, HERR! Willst du mich ganz vergessen?
Wie lange verbirgst du dein Angesicht vor mir?
Wie lange soll ich Sorgen tragen in meiner Seele,
Kummer in meinem Herzen, Tag für Tag?
Wie lange noch soll mein Feind sich über mich erheben?
Sieh mich an, erhöre mich, HERR, mein Gott.
Mache meine Augen hell, damit ich nicht zum Tod entschlafe,
damit mein Feind nicht sage: Ich habe ihn überwältigt,
meine Gegner nicht jauchzen, dass ich wanke.
Ich aber vertraue auf deine Güte,
über deine Hilfe jauchze mein Herz.
Singen will ich dem HERRN,
denn er hat mir Gutes getan.

psalm 13

von david

wie lange
wie lange noch

er quengelt
von gott vergessen
bedroht vom feind
wie schon immer
die seele schwer

er taumelt
den siegesruf im ohr
schreit in seiner not
wer nur den lieben gott
und hat mir gutes getan

das glaube
von nun an
alle welt

PSALM 14

Für den Chormeister. Von David.

Der Tor spricht in seinem Herzen:
Es ist kein Gott.
Verderbt, abscheulich handeln sie,
keiner ist, der Gutes tut.
Der HERR schaut herab
vom Himmel auf die Menschen,
zu sehen, ob da ein Einsichtiger sei,
einer, der nach Gott fragt.
Alle sind sie abtrünnig,
alle verdorben,
keiner ist, der Gutes tut,
auch nicht einer.
Haben denn keine Einsicht all die Übeltäter,
die mein Volk verzehren, wie man Brot isst,
die den HERRN nicht anrufen?
Da trifft sie gewaltiger Schrecken,
denn Gott ist beim Geschlecht der Gerechten.
An eurem Plan gegen den Elenden werdet ihr zuschanden,
denn der HERR ist seine Zuflucht.
Möge von Zion Israels Hilfe kommen.
Wenn der HERR das Geschick seines Volkes wendet,
jauchze Jakob, freue sich Israel!

psalm 14

von david

der gute mensch von
nicht nur der psalmist
auch der dichter suchte ihn
der nicht so recht an gott glaubte
nach den grossen kriegen
die hoffnung hegte
das reich der arbeit bringe heil für alle
die zeit widerrief
der gute mensch
schullektüre auch heute

die suche nach einem
der weise und
nach gott fragt
so alt wie gott selbst
der ausschau hält
und keinen findet
ausser dem einen
arm und elend

er wird gerettet
aber nicht in der welt
bewahre

im märchen
im psalm

PSALM 15

Ein Psalm Davids.

HERR, wer darf weilen in deinem Zelt,
wer darf wohnen auf deinem heiligen Berg?
Der in Vollkommenheit seinen Weg geht
und Gerechtigkeit übt,
der von Herzen die Wahrheit sagt,
nicht verleumdet mit seiner Zunge,
der nicht Böses tut seinem Nächsten
und nicht Schmach lädt auf seinen Nachbarn,
der den Verworfenen verachtet
und ehrt, die den HERRN fürchten,
der Wort hält,
auch wenn er zum eigenen Schaden geschworen hat,
der sein Geld nicht um Zins gibt
und nicht Bestechung annimmt gegen den Unschuldigen.
Wer das tut,
wird niemals wanken.

psalm 15

von david

heilige berge
göttliche zelte
zu hoch der eintrittspreis
david
da fällst auch du
und wir mit dir

wahrheit
wer sucht sie
gerechtigkeit
wer fordert sie
bestechung gehört dazu
verleumdung entlohnt

nichts böses dem nächsten
lächerlich
wo auge um auge
zahn um zahn
endlos der krieg

den verworfenen verachten
willst du
und gott ehren

verachte dich selbst
wanke und hoffe
dass gott sich erbarm

PSALM 16

Ein Lied Davids.

Behüte mich, Gott, denn bei dir suche ich Zuflucht.
Ich spreche zum HERRN: Du bist Herr,
mein Glück ist nur bei dir.
An den Heiligen, die im Lande sind,
an den Herrlichen habe ich grosses Gefallen.
Zahlreich sind die Schmerzen derer,
die einen anderen umwerben.
Opfer von Blut will ich ihnen nicht bringen
und ihren Namen nicht auf meine Lippen nehmen.
HERR, du mein Besitz und Becher,
du hältst mein Los in Händen.
Auf schönes Land fiel mir die Messschnur,
mein Erbe gefällt mir wohl.
Ich preise den HERRN, der mich beraten hat,
auch des Nachts mahnt mich mein Inneres.
Allezeit habe ich den HERRN vor Augen,
steht er mir zur Rechten, wanke ich nicht.
Darum freut sich mein Herz und jauchzt meine Seele,
auch mein Leib wird sicher wohnen.
Denn du gibst mein Leben nicht dem Totenreich preis,
du lässt deinen Getreuen das Grab nicht schauen.
Du zeigst mir den Weg des Lebens,
Freude in Fülle ist vor dir,
Wonne in deiner Rechten auf ewig.

psalm 16

von david
ein lied

ich steh so aussen vor
soll singen was er sang
denke an batseba
finde keine heiligen
nur herren
gott behüte mich

falsche götter
das gewissen stumpf
doch gott loben
will auch ich

mir zur rechten
vielleicht
ich wanke oft
vor freude
gott sei dank dafür
hin zum abgrund
gott hüte mich

das grab nicht schauen
hybris des gerechten
sterben werde ich
hin zu gott
hoffentlich

PSALM 23

Ein Psalm Davids.

Der HERR ist mein Hirt, mir mangelt nichts,
er weidet mich auf grünen Auen.
Zur Ruhe am Wasser führt er mich,
neues Leben gibt er mir.
Er leitet mich auf Pfaden der Gerechtigkeit
um seines Namens willen.
Wandere ich auch im finstern Tal,
fürchte ich kein Unheil,
denn du bist bei mir,
dein Stecken und dein Stab,
sie trösten mich.
Du deckst mir den Tisch
im Angesicht meiner Feinde.
Du salbst mein Haupt mit Öl,
übervoll ist mein Becher.
Güte und Gnade werden mir folgen
alle meine Tage,
und ich werde zurückkehren ins Haus des HERRN
mein Leben lang.

psalm 23

von david

der gute hirt
credo der reformierten
einst hing er in ihren stuben
und wenn sie starben
viel zu früh
predigte der pfarrer
über ihn
der da war
wenn becher und teller leer
der da war
in lärmenden fabriken
im staub schwarz
vom öl der maschinen
der da war
am sterbebett
mit ihnen um atem rang
wie einst am kreuz

für sie
im finsteren tal
war der hirt pflicht
dass sie glaubten
an luftige auen
gedeckte tische
gefüllte becher
und sich nicht
erdreisteten zu fordern
von ihren herren
gerechten lohn
hier

PSALM 25

Von David.

Zu dir, HERR, erhebe ich meine Seele, mein Gott.
Auf dich vertraue ich, ich will nicht zuschanden werden,
lass meine Feinde nicht über mich frohlocken.
Denn die auf dich hoffen, werden nicht zuschanden,
zuschanden werden, die ohne Treue sind.
Zeige mir, HERR, deine Wege,
lehre mich deine Pfade.
Leite mich in deiner Wahrheit und lehre mich,
denn du bist der Gott meiner Hilfe,
und auf dich hoffe ich den ganzen Tag.
Denke, HERR, an deine Barmherzigkeit
und deine Gnaden, die seit Ewigkeit sind.
Denke nicht an die Sünden meiner Jugend noch an meine Verfehlungen,
nach deiner Gnade denke an mich
um deiner Güte willen, HERR.
Gut und gerecht ist der HERR,
darum weist er den Sündern den Weg.
Er lässt die Demütigen gehen im Recht,
er lehrt die Demütigen seinen Weg.
Alle Pfade des HERRN sind Gnade und Treue
denen, die seinen Bund und seine Gesetze halten.
Um deines Namens willen, HERR,
vergib mir meine Schuld, denn sie ist gross.

Wer ist es, der den HERRN fürchtet?
Ihm weist er den Weg, den er wählen soll.
Der wird im Glück wohnen,
und seine Nachkommen werden das Land besitzen.
Am Rat des HERRN haben teil, die ihn fürchten,
und er offenbart ihnen seinen Bund.

Stets blicken meine Augen auf den HERRN,
denn er allein kann meine Füsse aus dem Netz befreien.
Wende dich zu mir und sei mir gnädig,
denn ich bin einsam und elend.
Ängste bestürmen mein Herz,
führe mich hinaus aus meiner Bedrängnis.
Sieh an mein Elend und meine Mühsal,
und vergib mir alle meine Sünden.
Sieh, wie zahlreich meine Feinde sind,
wie sie mich hassen mit tödlichem Hass.
Bewahre mein Leben und rette mich,
ich will nicht zuschanden werden, denn bei dir suche ich Zuflucht.
Unschuld und Redlichkeit mögen mich behüten,
denn ich hoffe auf dich.
Gott, erlöse Israel
aus allen seinen Nöten.

psalm 25

von david

die füsse im netz
stehen sie
und träumen
wege von gott gebahnt
lebensstrassen ausgeschildert

die füsse im netz
stehen sie
hoffen
auf auswege
vorbei am feind
selbst gemacht
im tödlichen hass

die füsse im netz
fällt sie die angst
wie der wind die bäume
dann beten sie zu ihrem gott
er möge sie erlösen
aus nöten
selbst gemacht

turm
ohne diese stumpfe seele

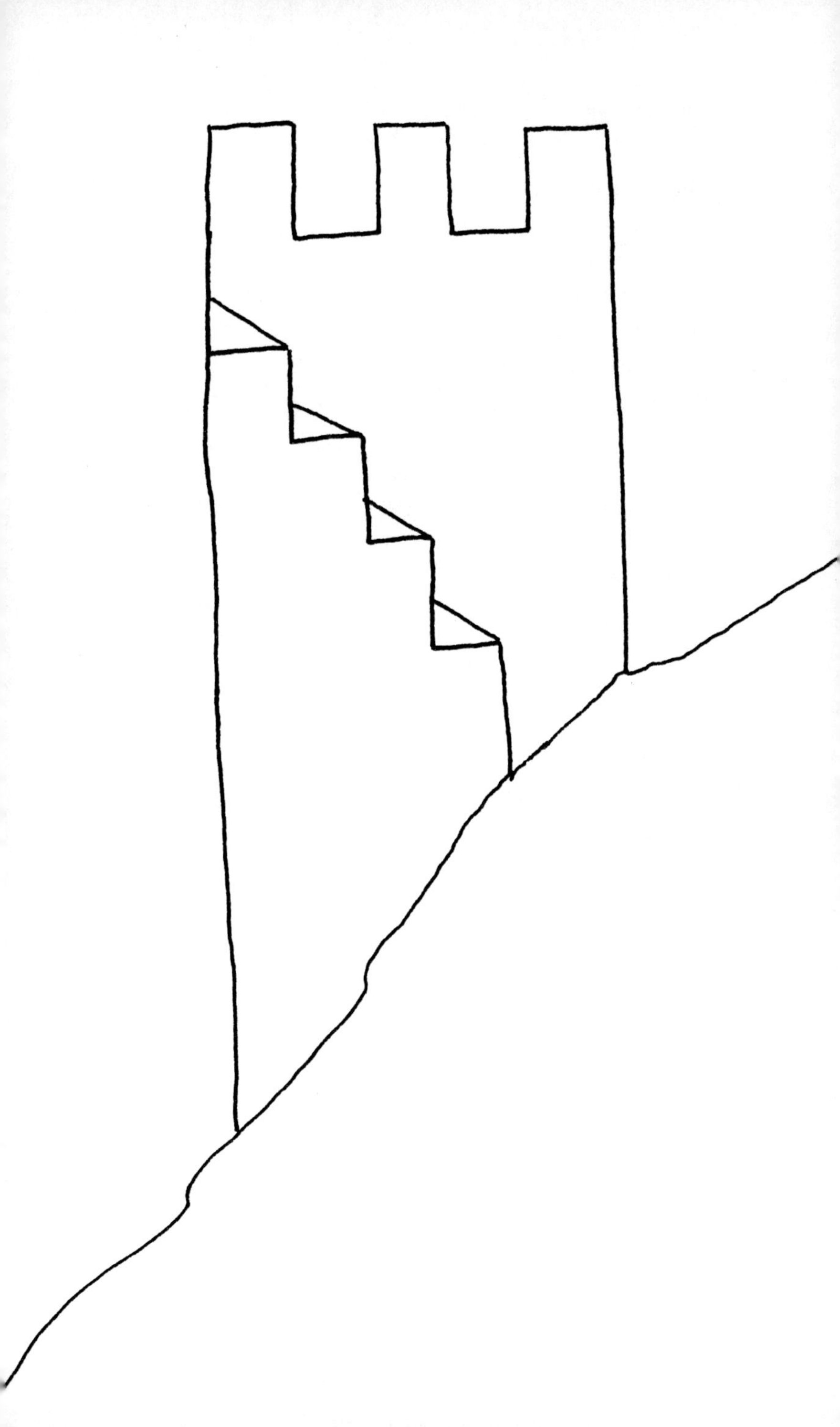

PSALM 29

Ein Psalm Davids.

Gebt dem HERRN, ihr Götter,
gebt dem HERRN Ehre und Macht.
Gebt dem HERRN die Ehre seines Namens,
werft euch nieder vor dem HERRN in heiliger Pracht.
Die Stimme des HERRN über den Wassern,
der Gott der Herrlichkeit donnert,
der HERR über gewaltigen Wassern.
Die Stimme des HERRN mit Macht,
die Stimme des HERRN mit Majestät.
Die Stimme des HERRN zerbricht Zedern,
der HERR zerschmettert die Zedern des Libanon.
Wie ein Kalb lässt er hüpfen den Libanon,
den Sirjon wie einen jungen Stier.
Die Stimme des HERRN sprüht Feuerflammen.
Die Stimme des HERRN lässt die Wüste beben,
beben lässt der HERR die Wüste von Kadesch.
Die Stimme des HERRN bringt die Hirschkuh zum Kreissen,
macht Wälder kahl.
Und in seinem Palast ruft alles: Ehre.
Der HERR thront über der Flut,
der HERR thront als König in Ewigkeit.
Der HERR gebe Macht seinem Volk,
der HERR segne sein Volk mit Frieden.

psalm 29

von david

bist stolz auf deinen gott
der über den wassern donnert
zedern zerbricht
bäume zerschmettert
den libanon kahl fegt
und den sirjon hüpfen lässt
feuer speiend
die wüste zum beben bringt
und die hirschkuh zum kreissen
standhaft wälder abholzt
friede sei dieser gott

david
wie viel wein hast du getrunken
bis dein griffel hüpfte wie ein kalb

PSALM 30

Ein Psalm. Ein Lied zur Tempelweihe. Von David.

Ich will dich erheben, HERR, denn du hast mich aus der Tiefe gezogen
und meine Feinde nicht über mich triumphieren lassen.
HERR, mein Gott, ich schrie zu dir,
und du hast mich geheilt.
HERR, du hast mich heraufgeholt aus dem Totenreich,
zum Leben mich zurückgerufen von denen, die hinab zur Grube fuhren.
Singt dem HERRN, ihr seine Getreuen,
und preist seinen heiligen Namen.
Denn sein Zorn währt einen Augenblick, ein Leben lang seine Gnade;
am Abend ist Weinen, doch mit dem Morgen kommt Jubel.
Ich aber sprach in meiner Sorglosigkeit:
Nie werde ich wanken.
HERR, in deiner Gnade stelltest du mich auf mächtige Berge,
doch als du dein Angesicht verbargst, traf mich der Schrecken.
Zu dir, HERR, rief ich,
ich flehte zu meinem Gott.
Was nützt dir mein Blut, wenn ich ins Grab hinabfahre?
Kann denn Staub dich preisen, deine Treue verkünden?
Höre, HERR, und sei mir gnädig.
HERR, sei du mein Helfer.
Du hast mir meine Klage in Reigen verwandelt,
mein Trauergewand gelöst und mich mit Freude umgürtet,
damit mein Herz dir singe und nicht verstumme.
HERR, mein Gott, in Ewigkeit will ich dich preisen.

psalm 30

von david
ein lied

knöpfst auf mein trauerkleid
hüllst mich in freude
hörtest mein schreien
zogst mich heraus aus der tiefe

jetzt willst du mein lied

aus staub geknetet
bin ich da
wo du nicht bist
ich preise dich
du hörst es nicht
reckst dein ohr
ich schweige
aus gnade erhöhst du mich
vor schrecken falle ich

am abend ist lachen
am morgen weinen
taumeltanz
zur ewigkeit

PSALM 32

Von David. Ein Weisheitslied.

Wohl dem, dessen Missetat vergeben,
dessen Sünde getilgt ist.
Wohl dem Menschen, dem der HERR
die Schuld nicht anrechnet
und in dessen Sinn nichts Falsches ist.
Ich verstummte, es zerfielen meine Gebeine,
da ich den ganzen Tag schrie.
Denn schwer lag deine Hand auf mir Tag und Nacht,
verdorrt war meine Lebenskraft
in der Sommerglut.
Meine Sünde habe ich dir gestanden
und meine Schuld nicht verborgen.
Ich sprach: Bekennen will ich
dem HERRN meine Missetaten.
Und du vergabst mir
die Schuld meiner Sünde.
Darum bete jeder Getreue zu dir in der Zeit der Not;
wenn gewaltige Wasser strömen,
ihn werden sie nicht erreichen.
Du bist mir Schutz, vor Not bewahrst du mich,
mit Jubelgesängen der Rettung umgibst du mich.
Ich will dich lehren und dir den Weg weisen, den du gehen sollst,
ich will dir raten, mein Auge wacht über dir.
Seid nicht wie ein Ross, wie ein Maultier, ohne Verstand,
nur mit Zaum und Zügel ist sein Ungestüm zu bändigen,
sonst kommt es nicht zu dir.
Zahlreich sind die Schmerzen des Frevlers,
wer aber auf den HERRN vertraut, den umgibt er mit Gnade.
Freut euch des HERRN und frohlockt, ihr Gerechten,
und jubelt alle, die ihr aufrichtigen Herzens seid.

psalm 32

ein weisheitslied
von david

er schrie in seiner not
zu gott und tauschte
sünde gegen vergebung
erkannte dass wer glaubens fern
nur ross und maultier ist
verstand und herz geweitet
hörte er das wort
ich bin dein gott
ich will dir raten

ich aber meine sünde
was soll das sein
und busse tun
bussen bezahlt man
niedergedrückt und ausgebrannt
die lebenskraft verdorrt
das kenne ich
doch die pharmafirmen
sie schaffen das

david dein lied verhallt
ungehört
die ohren zu klein
die herzen eng
und glaubens fern
so etwas wie ein
maultier sein
wen kümmert das
noch

PSALM 33

Jubelt, ihr Gerechten, dem HERRN,
den Aufrichtigen ist der Lobgesang Freude.
Preist den HERRN mit der Leier,
spielt ihm auf zehnsaitiger Harfe.
Singt ihm ein neues Lied,
schlagt die Saite mit Jubelklang.
Denn das Wort des HERRN ist gerecht
und all sein Tun verlässlich.
Er liebt Gerechtigkeit und Recht,
von der Gnade des HERRN ist die Erde voll.
Durch das Wort des HERRN sind die Himmel gemacht
und durch den Hauch seines Mundes ihr ganzes Heer.
Er fasst das Wasser des Meeres wie mit einem Damm,
in Kammern legt er die Fluten.
Alle Welt, fürchte den HERRN,
zittern sollen vor ihm alle, die den Erdkreis bewohnen.
Denn er ist es, der sprach, und es geschah,
der gebot, und es stand da.
Der HERR vereitelt den Ratschluss der Nationen,
macht zunichte die Pläne der Völker.
Der Ratschluss des HERRN bleibt ewig bestehen,
die Pläne seines Herzens von Generation zu Generation.
Wohl der Nation, deren Gott der HERR ist,
dem Volk, das er sich zum Erbteil erwählt hat.
Vom Himmel herab blickt der HERR, sieht alle Menschen.
Von der Stätte, da er thront, schaut er
auf alle, die die Erde bewohnen,
er, der ihnen allen das Herz gebildet,
der achthat auf alle ihre Werke.
Keine Hilfe ist dem König das grösste Heer,
der Held wird nicht gerettet durch grösste Kraft.
Trügerische Hilfe ist das Ross,

und mit all seiner Stärke rettet es nicht.
Seht, das Auge des HERRN ruht auf denen, die ihn fürchten
die auf seine Gnade harren,
dass er vom Tod ihr Leben errette
und sie am Leben erhalte, wenn sie Hunger leiden.
Unsere Seele wartet auf den HERRN,
er ist unsere Hilfe und unser Schild.
Über ihn freut sich unser Herz,
auf seinen heiligen Namen vertrauen wir.
Deine Gnade, HERR, sei über uns,
denn wir harren auf dich.

psalm 33

sag dem psalmisten
wir singen nicht

gerecht kennen wir nicht
aufrichtig sind wir nicht
ehrfurcht ein altes wort
gott ist nicht unser herr
er schuf die welt mag sein
wir aber herrschen
sind allein herren
ein held wer geld hat
aller augen schauen auf ihn

unsere waffen sind tauglich
die rosse ausgemustert
auf sie kein verlass

wir töten
tausende zehntausende
verschonen keinen denn
unser herz ist nicht von gott

wir haben ihm die welt
entrissen
seine pläne geschreddert
generationen
nur staub und asche
über uns ist
nichts

sag dem psalmisten
wir singen nicht
nie

PSALM 41

Für den Chormeister. Ein Psalm Davids.

Wohl dem, der sich des Schwachen annimmt.
Am Tag des Unheils wird der HERR ihn retten.
Der HERR wird ihn behüten und am Leben erhalten,
und glücklich wird er gepriesen im Land.
Gib ihn nicht preis der Gier seiner Feinde.
Der HERR wird ihn stützen auf dem Krankenbett,
auf seinem Lager hebst du seine Krankheit auf.
Ich sprach: HERR, sei mir gnädig,
heile mich,
denn ich habe gegen dich gesündigt.
Meine Feinde reden Böses über mich:
Wann wird er sterben, wann wird sein Name vergehen?
Und kommt einer zu Besuch, so redet falsch sein Herz,
er sammelt sich Bosheit, geht hinaus und trägt es weiter.
Einmütig zischeln sie gegen mich, alle, die mich hassen,
Böses führen sie gegen mich im Schilde:
Verderben ist über ihn ausgegossen,
und wer einmal liegt, steht nicht wieder auf.
Selbst mein Freund, dem ich vertraute,
der mein Brot ass, tritt mich mit Füssen.
Du aber, HERR, sei mir gnädig und richte mich auf,
ich will es ihnen vergelten.
Daran erkenne ich, dass du Gefallen an mir hast,
dass mein Feind nicht über mich frohlocken darf.

Mich aber hältst du fest um meiner Unschuld willen
und lässt mich für immer vor deinem Angesicht stehen.
Gepriesen sei der HERR, der Gott Israels,
von Ewigkeit zu Ewigkeit.
Amen, Amen.

psalm 41

von david

krank der könig
um ihn zischeln die feinde
könnte er doch erfahren
was er weiss
dass ein gott
die schwachen stärkt

in seinem kopf
drehen die feinde
besucht ihn ein freund
glaubt er aus bosheit
eine falsche schlange
wolle ihn verderben

so denkt der könig
wie sich die mächtigen denken
dass er gerecht sei
und ohne schuld

und verspricht gott
werde er wieder heil
und stark und mächtig
erschiesse er alle die
mit steinen nach ihm werfen
amen amen

o gott
was machst du
mit solchen versprechen

PSALM 43

Für den Chormeister. Ein Weisheitslied der Korachiter.

Schaffe mir Recht, Gott,
und führe meine Sache
gegen treuloses Volk,
errette mich vor falschen
und bösen Menschen.
Du bist der Gott meiner Zuflucht.
Warum hast du mich verstossen?
Warum muss ich trauernd umhergehen,
bedrängt vom Feind?
Sende dein Licht und deine Wahrheit,
sie sollen mich leiten,
mich bringen zu deinem heiligen Berg
und zu deinen Wohnungen.
So will ich hineingehen zum Altar Gottes,
zum Gott meiner Freude.
Jauchzend will ich dich mit der Leier preisen,
Gott, mein Gott.
Was bist du so gebeugt, meine Seele,
und so unruhig in mir?
Harre auf Gott, denn ich werde ihn wieder preisen,
ihn, meine Hilfe und meinen Gott.

psalm 43

von korach

schaffe mir recht
recht zu leben
ohne
diese stumpfe seele
in sich verkrümmt
taub blind
weder ausgang
noch eingang
der heilige berg
gottes haus
verworfen

und nur vage
die erinnerung
einer sagte
ich bin der weg
ich gehe voran
nach golgota
und emmaus

der dies sagte
er warte
auf mich

PSALM 46

Für den Chormeister. Von den Korachitern.
Nach Mädchenweise. Ein Lied.

Gott ist uns Zuflucht und Schutz,
eine Hilfe in Nöten, wohl bewährt.
Darum fürchten wir uns nicht, wenn die Erde schwankt
und die Berge wanken in der Tiefe des Meeres.
Toben mag, schäumen mag sein Wasser,
Berge mögen erzittern, wenn es sich bäumt.
Eines Stromes Arme erfreuen die Gottesstadt,
die heiligste der Wohnungen des Höchsten.
Gott ist in ihrer Mitte, sie wird nicht wanken,
Gott hilft ihr, wenn der Morgen anbricht.
Nationen toben, Königreiche wanken,
er lässt seine Stimme erschallen, und die Erde erbebt.
Der HERR der Heerscharen ist mit uns,
eine Burg ist uns der Gott Jakobs.
Kommt und schaut die Taten des HERRN,
der Entsetzen verbreitet auf Erden.
Der den Kriegen Einhalt gebietet
bis ans Ende der Erde,
der Bogen zerbricht, Speere zerschlägt
und Wagen im Feuer verbrennt.
Lasst ab und erkennt, dass ich Gott bin,
erhaben unter den Nationen, erhaben auf Erden.
Der HERR der Heerscharen ist mit uns,
eine Burg ist uns der Gott Jakobs.

psalm 46

nach mädchenweise
ein lied

ein feste burg ist euer gott
ein gute wehr und waffen
meint der reformator
in der welt habt ihr angst
sagt der christ
wenn die erde bebt
und berge fallen
in die tiefen des meeres
fürchtet ihr euch
und eure kriege als wenn
die welt voll teufel wär

das lied der mädchen
wäre zuversicht
hoffnung
aber geschändet
singen sie nicht
und dass gott ruft
lasst ab und erkennt
hört ihr nicht

die burg dahin
die gute wehr
vielleicht
eine decke
ein zelt
nichts festes
gottes atemhauch

turm

zwischen tag und nacht

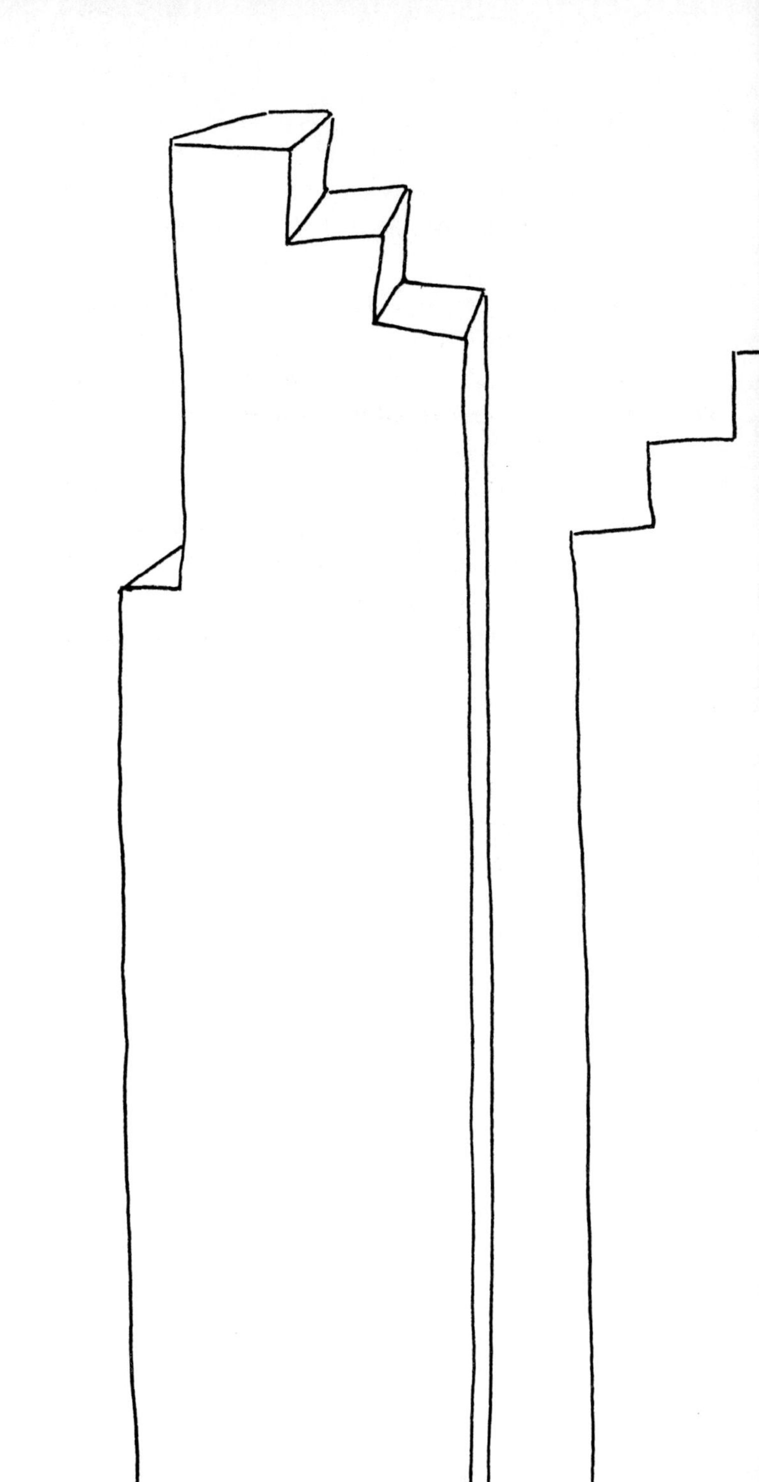

PSALM 22

Für den Chormeister. Nach der Weise
«Hindin der Morgenröte». Ein Psalm Davids.

Mein Gott, mein Gott, warum hast du mich verlassen,
bist fern meiner Rettung, den Worten meiner Klage?
Mein Gott, ich rufe bei Tag, doch du antwortest nicht,
bei Nacht, doch ich finde keine Ruhe.
Du aber, Heiliger,
thronst auf den Lobgesängen Israels.
Auf dich vertrauten unsere Vorfahren,
sie vertrauten, und du hast sie befreit.
Zu dir schrien sie, und sie wurden gerettet,
auf dich vertrauten sie, und sie wurden nicht zuschanden.
Ich aber bin ein Wurm und kein Mensch,
der Leute Spott und verachtet vom Volk.
Alle, die mich sehen, verspotten mich,
verziehen den Mund und schütteln den Kopf:
Wälze es auf den HERRN. Der rette ihn,
er befreie ihn, er hat ja Gefallen an ihm.
Du bist es, der mich aus dem Mutterschoss zog,
der mich sicher barg an der Brust meiner Mutter.
Auf dich bin ich geworfen vom Mutterleib an,
von meiner Mutter Schoss an bist du mein Gott.

Sei nicht fern von mir,
denn die Not ist nahe;

keiner ist da, der hilft.
Zahlreiche Stiere sind um mich,
Baschanbüffel umringen mich.
Sie sperren ihr Maul auf gegen mich,
ein reissender, brüllender Löwe.
Wie Wasser bin ich hingeschüttet,

und es fallen auseinander meine Gebeine.
Wie Wachs ist mein Herz,
zerflossen in meiner Brust.
Trocken wie eine Scherbe ist meine Kehle,
und meine Zunge klebt mir am Gaumen,
in den Staub des Todes legst du mich.
Um mich sind Hunde,
eine Rotte von Übeltätern umzingelt mich,
sie binden mir Hände und Füsse.
Zählen kann ich alle meine Knochen.
Sie aber schauen zu, weiden sich an mir.
Sie teilen meine Kleider unter sich
und werfen das Los um mein Gewand.

Du aber, HERR, sei nicht fern,
meine Stärke, eile mir zu Hilfe.
Errette vor dem Schwert mein Leben,
aus der Gewalt der Hunde meine verlassene Seele.
Hilf mir vor dem Rachen des Löwen,
vor den Hörnern der Wildstiere.
Du hast mich erhört.

Ich will deinen Namen meinen Brüdern verkünden,
in der Versammlung will ich dich loben.
Die ihr den HERRN fürchtet, lobt ihn,
alle Nachkommen Jakobs, ehret ihn,
erschauert vor ihm, alle Nachkommen Israels.
Denn er hat nicht verachtet
noch verabscheut

des Elenden Elend,
hat sein Angesicht nicht vor ihm verborgen,
und da er schrie, erhörte er ihn.
Von dir geht aus mein Lobgesang in grosser Versammlung,
meine Gelübde erfülle ich vor denen, die ihn fürchten.
Die Elenden essen und werden satt,
es loben den HERRN, die ihn suchen.
Aufleben soll euer Herz für immer.
Alle Enden der Erde
werden dessen gedenken und umkehren zum HERRN,
und vor ihm werden sich niederwerfen
alle Sippen der Nationen.
Denn des HERRN ist das Reich,
und er herrscht über die Nationen.
Vor ihm werfen sich nieder alle Mächtigen der Erde,
vor ihm beugen sich alle, die in den Staub sinken.
Erzählen wird man vom Herrn der Generation,
die noch kommt,
und verkünden seine Gerechtigkeit dem Volk,
das noch geboren wird.
Er hat es vollbracht.

psalm 22

nach der weise der hirschkuh
zwischen nacht und tag
von david

seine
nicht deine worte
nicht dein leiden
david
sein leiden
du bist sein diener
gottes thron leer
leer die lobgesänge israels

er ein mensch
hängt am kreuz
gott nicht da

david
ahntest du
das drehkreuz
vom alten zum neuen
liebet eure feinde
tut denen gutes
die euch hassen
nimmt dir einer den rock
gib auch das hemd
selig die ohne gewalt
selig die barmherzigen

er hat es vollbracht
gestorben
das kreuz
wäre
drehkreuz
der feind
geliebt
die welt
neu

an karfreitag
beten wir dein lied
mit leeren seelen
wie die hirschkuh lechzt
nach frischem wasser
so lechzt unsere seele
fürchten uns
wissen
dass wir auch heute
in den staub geworfen
in die trümmer endloser kriege
dass wir auch heute
schreien und beten
in kerkern folterkammern
so viele verachtete
verworfene
vor ihnen der henker
mein gott mein gott
warum

es ist vollbracht
sagt der christ
scham unser dank
das kreuz kein drehkreuz
der feind bleibt feind
der hungrige hungrig
der verachtete verachtet
wir sind keine folger
auf gottes stätte

das haben wir vollbracht

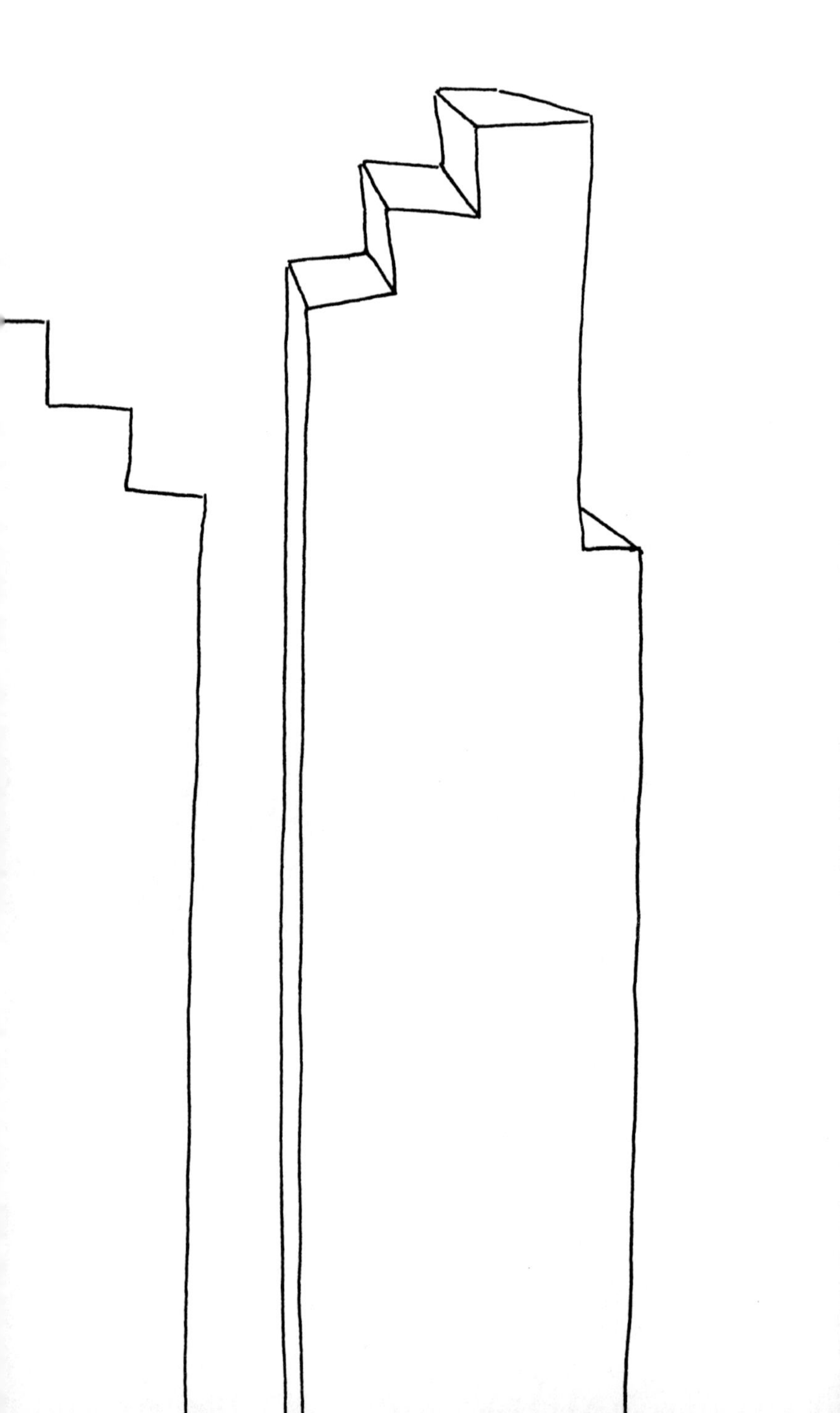

zwischen nacht und tag

turm

PSALM 48

Ein Lied. Ein Psalm der Korachiter.

Gross ist der HERR und hoch zu preisen
in der Stadt unseres Gottes.
Sein heiliger Berg,
schönster Gipfel,
der ganzen Welt Wonne,
der Berg Zion, äusserster Norden,
ist die Stadt eines grossen Königs.
Gott ist in ihren Palästen,
als Schutzburg hat er sich kundgetan.
Denn sieh, Könige taten sich zusammen,
zogen gemeinsam heran.
Sie sahen es und erstarrten,
flohen entsetzt davon.
Zittern ergriff sie dort,
Wehen wie eine Gebärende.
Mit dem Oststurm zerschmetterst du
die Schiffe von Tarschisch.
Wie wir es gehört, so haben wir es gesehen
in der Stadt des HERRN der Heerscharen, in der Stadt
unseres Gottes:
Auf ewig lässt Gott sie bestehen.
Wir bedenken, Gott, deine Güte,
mitten in deinem Tempel.
Wie dein Name, Gott, so reicht dein Ruhm
bis an die Enden der Erde,
voller Gerechtigkeit ist deine Rechte.
Es freue sich der Berg Zion,
die Töchter Judas sollen frohlocken
über deine Gerichte.

Umkreist den Zion, umschreitet ihn,
zählt seine Türme.
Bewundert sein Bollwerk,
erkundet seine Paläste,
damit ihr erzählen könnt
einer künftigen Generation:
Dies ist Gott,
unser Gott immer und ewig,
er wird uns leiten.

psalm 48

korachs lied

gott ist gross
wir die seinen
alle
rief korach
empört über
mose aron
die selbsternannten
priester

geschichten vom berg
zion
verfehlte politik
damals wie heute

und bauten
in ihren köpfen
das himmlische jerusalem
klar wie kristall
von engeln getragen
dass einst vorbei sei
die nacht dieser welt
ein gott immer
unser gott
für alle

doch die nacht blieb
kein ostwind blies sie weg
vom berg
auf dem zion
kein gott
vielleicht hoffnung
vielleicht glaube
marode türme
sie zählen
noch

Numeri 16,3

Korach und seine Männer versammelten sich gegen Mose und Aaron und sprachen zu ihnen: Ihr nehmt euch zu viel heraus! Die ganze Gemeinde, sie alle sind heilig, und in ihrer Mitte ist der HERR. Warum also erhebt ihr euch über die Versammlung des HERRN?

PSALM 56

Für den Chormeister. Nach der Weise «Taube der fernen Terebinthen». Von David, ein Lied, als die Philister ihn in Gat ergriffen.

Sei mir gnädig, Gott, denn Menschen stellen mir nach,
Krieger bedrängen mich jeden Tag,
täglich stellen mir meine Feinde nach;
viele sind es, die mich voller Hochmut bekämpfen.
Wenn ich mich fürchte,
vertraue ich auf dich.
Auf Gott, ich preise sein Wort,
auf Gott vertraue ich, und ich fürchte mich nicht.
Was kann ein Sterblicher mir tun?
Jeden Tag fechten sie meine Worte an,
auf mein Verderben geht ihr ganzes Sinnen.
Sie greifen an, sie lauern,
sie beobachten meine Spuren,
denn sie trachten mir nach dem Leben.
Sollen sie trotz des Frevels entkommen?
Im Zorn, Gott, stürze die Völker hinab.
Mein Elend hast du aufgezeichnet,
meine Tränen sind verwahrt bei dir.
Steht nicht alles in deinem Buch?
Es weichen meine Feinde zurück,
wenn ich rufe,
denn ich weiss,
dass Gott für mich ist.
Auf Gott – ich preise sein Wort –,
auf den HERRN – ich preise sein Wort –,
auf Gott vertraue ich, und ich fürchte mich nicht.
Was kann ein Mensch mir tun?
Was ich dir gelobt habe, Gott, liegt auf mir,

Dankopfer will ich dir darbringen.
Denn du hast mein Leben vom Tod errettet
und meine Füsse vor dem Sturz,
damit ich wandle vor Gott
im Licht des Lebens.

psalm 56

ein lied
nach der weise der taube
von david

die feinde
die dir auflauern
dich beobachten
dir nach dem leben
trachten
bis das licht schwindet
und die füsse straucheln

dein feind ist die angst

betest singst die taube
gegen die angst
singst in endlosschlaufe
auf gott vertraue ich

und fürchte mich nicht
sirenengesang
in der welt haben wir angst
aber

auf dass gott
das elend aufzeichne
tränen nicht versickern
im staub
singe ich mit

PSALM 57

Für den Chormeister. Nach der Weise «Zerstöre nicht».
Von David. Ein Lied, als er vor Saul in die Höhle floh.

Sei mir gnädig, Gott, sei mir gnädig,
denn bei dir suche ich Zuflucht.
Im Schatten deiner Flügel suche ich Zuflucht,
bis das Verderben vorüber ist.
Ich rufe zu Gott, dem Höchsten,
zu Gott, der für mich eintritt.
Er wird vom Himmel senden und mir helfen
vor der Schmähung dessen, der mir nachstellt.
Seine Güte und Treue wird Gott senden.
Mitten unter Löwen muss ich liegen,
die Menschen verschlingen,
ihre Zähne sind Spiesse und Pfeile,
und ihre Zunge ist ein scharfes Schwert.
Erhebe dich über den Himmel, Gott,
und über die ganze Erde in deiner Herrlichkeit.
Ein Netz haben sie meinen Schritten gelegt,
niedergebeugt meine Seele.
Sie haben mir eine Grube gegraben
und fielen selbst hinein.
Mein Herz ist bereit, Gott, mein Herz ist bereit,
ich will singen und spielen.
Wache auf, meine Seele.
Wacht auf, Harfe und Leier,
ich will das Morgenrot wecken.
Ich will dich preisen unter den Völkern, Herr,
will dir singen unter den Nationen.
Denn gross bis zum Himmel ist deine Güte,
und bis an die Wolken reicht deine Treue.
Erhebe dich über den Himmel, Gott,
und über die ganze Erde in deiner Herrlichkeit.

psalm 57

von david
nach der weise
zerstöre nicht

duckst dich
unter gottes flügel
suchst zuflucht
vor löwen
aber
nicht vor feinden
und
singst dein lied
auf die weise
zerstöre nicht

da höre ich hin
david
will mit dir singen
ein mensch nur
die füsse im netz
der mensch dem
menschen ein wolf
aber
die hoffnung
dass ein gott
gnädig

mein herz ist bereit
ich will singen
dass er schicke
seinen segen

PSALM 60

Für den Chormeister. Nach der Weise «Lilie des Zeugnisses». Ein Lied. Von David. Zum Lehren, als er gegen Aram-Naharajim und gegen Aram-Zoba stritt und als Joab umkehrte und Edom im Salztal schlug, zwölftausend Mann.

Gott, du hast uns verstossen, unsere Reihen durchbrochen,
du hast gezürnt, stelle uns wieder her.
Du hast die Erde erschüttert, hast sie gespalten.
Heile ihre Risse, denn sie wankt.
Hartes hast du dein Volk erfahren lassen,
du hast uns getränkt mit Taumelwein.
Denen aber, die dich fürchten, hast du ein Zeichen aufgestellt,
damit sie fliehen können vor dem Bogen.
Damit gerettet werden, die dir lieb sind,
hilf mit deiner Rechten und erhöre uns.
Gott hat gesprochen in seinem Heiligtum:
Ich will frohlocken, ich will Schechem verteilen
und ausmessen das Tal von Sukkot.
Mein ist Gilead, mein ist Manasse,
Efraim ist der Schutz meines Hauptes,
Juda mein Herrscherstab.
Moab ist mein Waschbecken,
auf Edom werfe ich meinen Schuh,
Philistäa, jauchze mir zu.
Wer führt mich hin zu der befestigten Stadt,
wer geleitet mich nach Edom?

Bist nicht du es, Gott, der uns verstossen hat?
Du, Gott, ziehst nicht aus mit unseren Heeren.
Schaffe uns Hilfe vor dem Feind,
denn Menschenhilfe ist nichtig.
Mit Gott werden wir Machttaten vollbringen,
er ist es, der unsere Feinde zertritt.

psalm 60

von david

ein lied den krieg zu
lehren seinen gott
aus des königs kopf
voll taumelwein

ihm wankt der feind
ihm wankt der freund
gilead manasse
efraim juda
moab edom
stalingrad
srebrenica
in gaza die philister

es lehrt der könig
seinen gott
nach der weise lilie
ein zeugnis
wo feinde sterben
wo freunde waffen liefern
ist gott mit uns
moab mein waschbecken
auf gaza mein schuh
auf kyjiw die glut
dass sie sterben
tausendfach

sieg um jeden preis
gott der heerscharen
vergiss dein golgota
halleluja

PSALM 61

Für den Chormeister. Zum Saitenspiel. Von David.

Höre, Gott, mein Flehen,
achte auf mein Gebet.
Vom Ende der Erde
rufe ich zu dir,
da mein Herz verzagt.
Führe mich hinauf auf den Felsen,
der mir zu hoch ist.
Denn du bist meine Zuflucht,
ein starker Turm vor dem Feind.
Lass mich Gast sein in deinem Zelt auf ewig,
Zuflucht suchen im Schutz deiner Flügel.
Denn du, Gott, hast auf meine Gelübde gehört,
hast denen das Erbe gegeben, die deinen Namen fürchten.
Füge den Tagen des Königs Tage hinzu,
seine Jahre mögen dauern wie Generation um Generation.
Ewig throne er vor Gottes Angesicht,
lass Gnade und Treue ihn behüten.
So will ich deinem Namen singen allezeit,
um meine Gelübde zu erfüllen Tag für Tag.

psalm 61

zum saitenspiel
von david

hoch hinaus
der könig mit
verzagtem herz
der harfenist

träumt
von einem turm
vielleicht
ein zikkurat

um gottes willen
die baut der feind

ein fels genügt
ein zelt
schützende flügel

und ewigkeit

den feinden die türme
dem könig die jahre
zeit ohne zeit
und sitzt
in stein gemeisselt
die harfe im arm
hoch oben
im kirchenschiff

in ewigkeit

PSALM 88

Ein Lied. Ein Psalm der Korachiter. Für den Chormeister. Nach der Weise «machalat» zu singen. Ein Weisheitslied Hemans, des Esrachiters.

HERR, Gott meiner Rettung,
bei Tage schreie ich,
des Nachts stehe ich vor dir.
Mein Gebet gelange zu dir,
neige dein Ohr meinem Flehn.
Denn ich bin mit Leiden gesättigt,
und mein Leben ist dem Totenreich nahe.
Ich zähle zu denen, die zur Grube hinabsteigen,
bin wie ein kraftloser Mann,
ausgestossen unter die Toten,
Erschlagenen gleich,
die im Grabe liegen,
deren du nicht mehr gedenkst;
von deiner Hand sind sie getrennt.
Du hast mich hinunter in die Grube gebracht,
in Finsternis und Tiefe.
Dein Grimm lastet auf mir,
und mit allen deinen Brandungen hast du mich
niedergeworfen.
Meine Vertrauten hast du mir entfremdet,
hast mich ihnen zum Abscheu gemacht.
Eingeschlossen bin ich, komme nicht hinaus,
mein Auge vergeht vor Elend.
Ich rufe zu dir, HERR, allezeit,
strecke meine Hände aus nach dir.
Tust du an den Toten Wunder,
stehen Schatten auf, dich zu preisen?
Wird deine Güte im Grab verkündet,

deine Treue im Abgrund?
Werden deine Wunder in der Finsternis kund
und deine Gerechtigkeit im Land des Vergessens?
Ich aber schreie zu dir, HERR,
mein Gebet kommt vor dich am Morgen.
Warum, HERR, verstösst du mich,
verbirgst dein Angesicht vor mir?
Elend bin ich und krank zum Tode von Jugend auf,
schutzlos deinem Schrecken ausgesetzt.
Deine Zornesgluten sind über mich gekommen,
deine Schrecknisse haben mich vernichtet.
Sie umgeben mich wie Wasser den ganzen Tag,
umfluten mich ganz und gar.
Entfremdet hast du mir Freund und Gefährten,
mein Vertrauter ist die Finsternis.

psalm 88

von heman
nach der weise «machalat»
ein lied für jahwe
den schrecken isaaks

hockt in der grube
gesättigt mit leid
überwältigt
ein tier im käfig
kein freund
kein vertrauter
von kindheit an
tot

schreie verhallen
tränen versickern
gebete fallen in den staub
ungehört
gottes zorn klebt an ihm
wie die klette am kleid

er aber glaubt
um seines liedes willen
auf die weise der väter
rette ihn dieser gott

fassungslos
schweige ich

Genesis 31,42

Wenn nicht der Gott meines Vaters, der Gott Abrahams und der Schrecken Isaaks, für mich gewesen wäre, du hättest mich jetzt mit leeren Händen ziehen lassen. Mein Elend und die Arbeit meiner Hände hat Gott gesehen, und letzte Nacht hat er Recht gesprochen.

PSALM 90

Ein Gebet des Mose, des Gottesmanns.

Herr, ein Hort
warst du uns
von Generation zu Generation.
Noch ehe Berge geboren wurden
und Erde und Erdkreis in Wehen lagen,
bist du, Gott, von Ewigkeit zu Ewigkeit.
Du lässt den Menschen zum Staub zurückkehren
und sprichst: Kehrt zurück, ihr Menschen.
Denn in deinen Augen sind tausend Jahre
wie der gestrige Tag, wenn er vorüber ist,
und wie eine Wache in der Nacht.
Du raffst sie dahin,
ein Schlaf am Morgen sind sie
und wie das Gras, das vergeht.
Am Morgen blüht es, doch es vergeht,
am Abend welkt es und verdorrt.
Denn wir schwinden dahin durch deinen Zorn,
und durch deinen Grimm werden wir hinweggeschreckt.
Du hast unsere Sünden vor dich gestellt,
unsere verborgene Schuld ins Licht deines Angesichts.
All unsere Tage gehen dahin unter deinem Zorn,
unsere Jahre beenden wir wie einen Seufzer.
Unser Leben währt siebzig Jahre,
und wenn es hoch kommt, achtzig Jahre.
Und was an ihnen war, ist Mühsal und Trug.
Denn schnell ist es vorüber, im Flug sind wir dahin.
Wer erkennt die Gewalt deines Zorns
und deinen Grimm, wie es die Furcht vor dir verlangt?
Unsere Tage zu zählen, lehre uns,

damit wir ein weises Herz gewinnen.
Kehre zurück, HERR! Wie lange noch?
Habe Mitleid mit deinen Dienern.
Sättige uns am Morgen mit deiner Gnade,
so werden wir jubeln und uns freuen alle unsere Tage.
Erfreue uns so viele Tage, wie du uns beugtest,
so viele Jahre, wie wir Unglück schauten.
Lass deine Diener dein Walten schauen
und ihre Kinder deine Herrlichkeit.
Und die Freundlichkeit des Herrn, unseres Gottes, sei über uns,
gib dem Werk unserer Hände Bestand,
ja, gib dem Werk unserer Hände Bestand.

psalm 90

von mose
mann gottes

noch ehe
die erde in wehen
tausend jahre ein tag
wir nur ein hauch
siebzig achtzig jahre
schlaf
dann schreckt uns
ein zorniger gott
hinweg

mühsal alles
oder trug

kehrt zurück
ihr menschen
sein wort
lässt mich
stocken

es gab dich
mose
so wenig
wie die hörner
auf deinem kopf
nur diese worte
ohne zeit

uns aber
warf gott in die zeit
tage zu zählen
dass wir weise werden
sein zorn sich wende
ein gnädiger gott
durch uns

über uns
seine freundlichkeit
hätte bestand

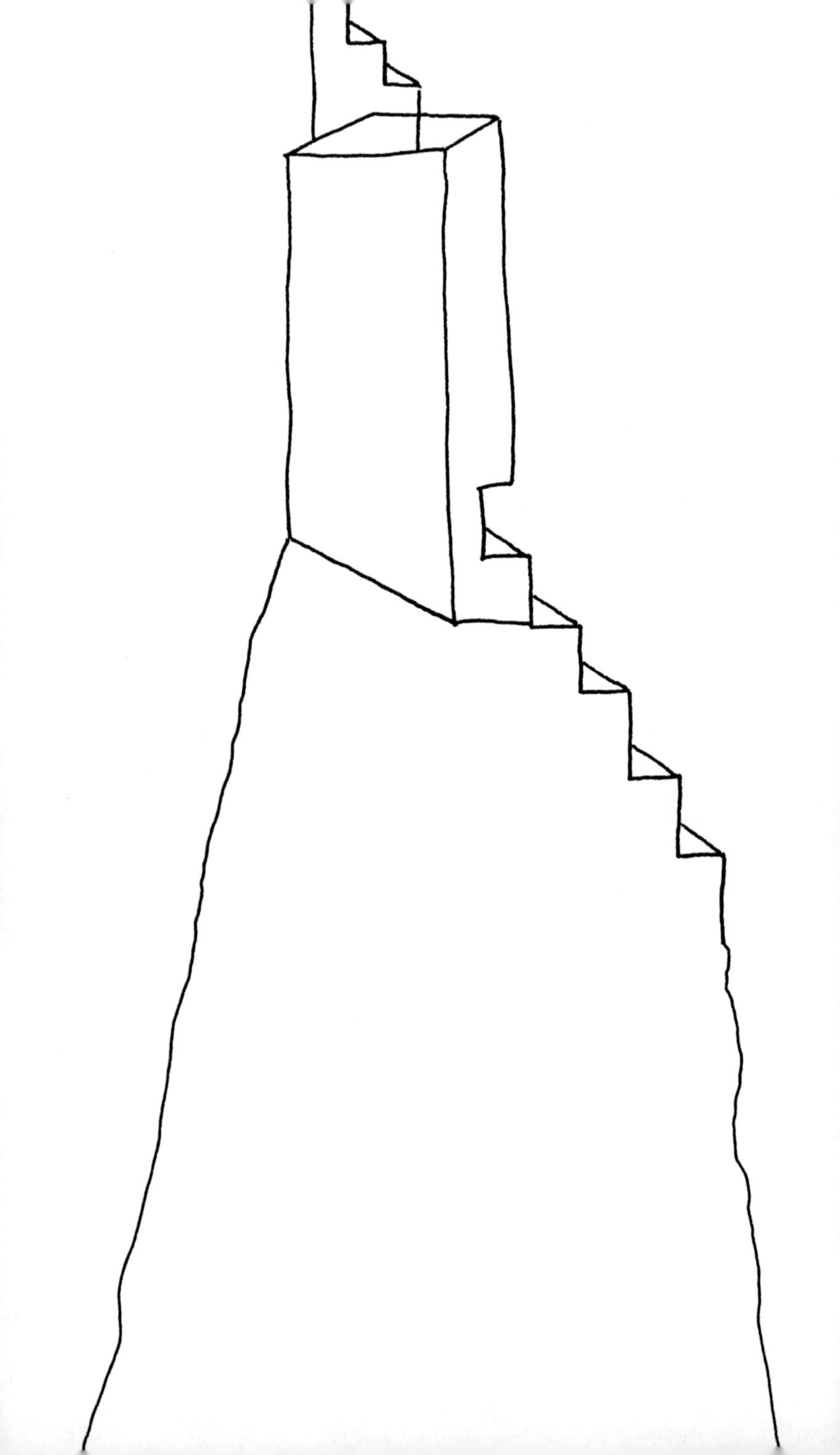

die herzhaut trocken

turm

PSALM 121

Ein Wallfahrtslied.

Ich hebe meine Augen auf zu den Bergen:
Woher wird mir Hilfe kommen?
Meine Hilfe kommt vom HERRN,
der Himmel und Erde gemacht hat.
Er lässt deinen Fuss nicht wanken;
der dich behütet, schlummert nicht.
Sieh, nicht schlummert noch schläft
der Hüter Israels.
Der HERR ist dein Hüter,
der HERR ist dein Schatten zu deiner Rechten.
Bei Tage wird dich die Sonne nicht stechen
noch der Mond des Nachts.
Der HERR behütet dich vor allem Bösen,
er behütet dein Leben.
Der HERR behütet deinen Ausgang und Eingang
von nun an bis in Ewigkeit.

psalm 121

zur wallfahrt

ein hüter
hier und immer
kein schlummer
kein schlaf
ein schatten
lässt meinen fuss nicht wanken
bewahrt vor bösem
wehrt dem leid
und dem tanz
wacht am eingang
am ausgang
steht am scheideweg
jederzeit
sein name
ich bin da

der apfel
von ihr gepflückt
zu wissen
was leben sei
verfault

Genesis 3,4–6

Da sprach die Schlange zur Frau: Mitnichten werdet ihr sterben. Sondern Gott weiss, dass euch die Augen aufgehen werden und dass ihr wie Gott sein und Gut und Böse erkennen werdet, sobald ihr davon esst. Da sah die Frau, dass es gut wäre, von dem Baum zu essen, und dass er eine Lust für die Augen war und dass der Baum begehrenswert war, weil er wissend machte, und sie nahm von seiner Frucht und ass.

PSALM 122

Ein Wallfahrtslied. Von David.

Ich war voller Freude, als sie zu mir sprachen:
Wir gehen zum Haus des HERRN.
Nun stehen unsere Füsse
in deinen Toren, Jerusalem.
Jerusalem, gebaut
als fest gefügte Stadt,
wohin die Stämme hinaufziehen,
die Stämme des HERRN,
getreu dem Gesetz für Israel,
den Namen des HERRN zu preisen.
Denn dort stehen Throne für das Gericht,
Throne für das Haus Davids.
Wünscht Jerusalem Frieden!
Sicher mögen leben, die dich lieben.
Friede wohne in deinen Mauern,
Sicherheit in deinen Palästen.
Um meiner Brüder und Freunde willen
will ich dir Frieden wünschen.
Um des Hauses des HERRN, unseres Gottes, willen
suche ich dein Bestes.

psalm 122

zur wallfahrt
von david

jerusalem
meine kirche
sagten die alten
in jedem wort
ein tiefer sinn

voll freude
müsste ich sein
meine füsse
in ihren toren

offen das auge
für die schönheit
wach der verstand
für das wort

und
dass die throne
des gerichts
dass der tod
und die frage
wie von dieser
in die andere welt
der rede wert

zu meinem besten

PSALM 124

Ein Wallfahrtslied. Von David.

Wäre es nicht der HERR gewesen, der für uns war,
so spreche Israel,
wäre es nicht der HERR gewesen, der für uns war,
als Menschen gegen uns aufstanden,
so hätten sie uns bei lebendigem Leib verschlungen,
als ihr Zorn gegen uns entbrannte.
Dann hätte das Wasser uns fortgerissen,
ein Wildbach hätte sich ergossen über uns,
über uns hätten sich ergossen
die tobenden Wasser.
Gepriesen sei der HERR,
der uns nicht ihren Zähnen zur Beute gab.
Unser Leben ist wie ein Vogel
dem Netz der Vogelsteller entkommen,
das Netz ist zerrissen,
und wir sind entkommen.
Unsere Hilfe steht im Namen des HERRN,
der Himmel und Erde gemacht hat.

psalm 124

zur wallfahrt
von david

die herzhaut trocken
das land der tränen nicht bereist
wer mit dem psalmisten betet
der danke gott

aber die wallfahrt
der weinenden
verfangen im netz
ertränkt in der flut
zerrissen in der löwengrube
verbrannt im feuerofen und
keine hilfe im namen des herrn

vor ihnen
wie eine standarte
ein gott am kreuz
seine herzhaut
durchbohrt

PSALM 127

Ein Wallfahrtslied. Von Salomo.

Wenn nicht der HERR das Haus baut,
mühen sich umsonst, die daran bauen;
wenn nicht der HERR die Stadt behütet,
wacht der Hüter umsonst.
Umsonst ist es, dass ihr früh aufsteht
und spät euch niedersetzt,
dass ihr Brot der Mühsal esst.
Dem Seinen gibt er es im Schlaf.
Sieh, das Erbteil des HERRN sind Söhne,
ein Lohn ist die Frucht des Leibes.
Wie Pfeile in der Hand des Helden,
so sind die Söhne der Jugendzeit.
Wohl dem,
der seinen Köcher mit ihnen gefüllt hat.
Sie werden nicht zuschanden,
wenn sie mit Feinden rechten im Tor.

psalm 127

zur wallfahrt
von salomo

salomo
er baute dem herrn ein haus
gross und prächtig
ausgedient die alte kiste
in der sie ihren gott austrugen
jetzt thront er in einem haus
von ihm selbst gebaut denn
wenn nicht der herr
also wem die ehre

salomo
dem seinen gibt es der herr im schlaf
ein scherz denn morgenstund
hat gold im mund nur
die börse arbeitet besser
einerlei

er setzt auf söhne
wie alle mächtigen
töchter gelten ihm wenig
für den köcher nicht geeignet
söhne soldaten für den krieg
denn sie sind wie pfeile
schnell verschossen und
keiner verbürgt dass sie
nicht zuschanden werden
vor der stadt

PSALM 130

Ein Wallfahrtslied.

Aus der Tiefe rufe ich, HERR, zu dir,
Herr, höre meine Stimme,
lass deine Ohren vernehmen
den Ruf meines Flehens.
Wenn du Sünden anrechnest, HERR,
Herr, wer kann bestehen?
Doch bei dir ist die Vergebung,
damit man dich fürchte.
Ich hoffe auf den HERRN, meine Seele hofft,
ich harre auf sein Wort.
Meine Seele harrt auf den Herrn,
mehr als die Wächter auf den Morgen,
mehr als die Wächter auf den Morgen.
Harre, Israel, auf den HERRN.
Denn beim HERRN ist die Gnade,
und bei ihm ist Erlösung in Fülle.
Er wird Israel erlösen
von allen seinen Sünden.

psalm 130

zur wallfahrt

aus der tiefe
rufen viele
flehen
ihre kraft dahin
keiner hört

wir könnten sie retten
wären unsere ohren
nicht verstopft
mit unseren sünden

das aber stört uns nicht

so werden sie
weiter rufen
aus der tiefe

von ewigkeit zu ewigkeit
dass gott sie höre

PSALM 131

Ein Wallfahrtslied. Von David.

HERR, mein Herz will nicht hoch hinaus,
und meine Augen blicken nicht hochmütig,
ich gehe nicht mit grossen Dingen um,
mit Dingen, die mir zu wunderbar sind.
Fürwahr, ich habe meine Seele
besänftigt und beruhigt;
wie ein entwöhntes Kind bei seiner Mutter,
wie das entwöhnte Kind ist meine Seele ruhig in mir.
Harre, Israel, auf den HERRN
von nun an bis in Ewigkeit.

psalm 131

zur wallfahrt
von david

nicht hoch hinaus
nicht was überfordert
ein kind gottes sein
das wollten sie einst
als sie noch
fromm waren

eine satte seele
die will auch ich
bezahle viel dafür
dinge gross
und wunderbar
so hoch der preis
ich kaufe sie
am sonntagmorgen
ein klick und wieder
und wieder
von nun an bis

es fehlt das wort

PSALM 137

An den Strömen Babels,
da sassen wir und weinten,
als wir an Zion dachten
Unsere Leiern hängten wir
an die Weiden im Land.
Denn dort verlangten,
die uns gefangen hielten, Lieder von uns,
und die uns quälten, Freudengesänge:
Singt uns
Zionslieder.
Wie könnten wir Lieder des HERRN singen
auf fremdem Boden.
Wenn ich dich vergesse, Jerusalem,
soll meine Rechte verdorren.
Meine Zunge soll an meinem Gaumen kleben,
wenn ich deiner nicht mehr gedenke,
wenn ich Jerusalem nicht erhebe
über die höchste meiner Freuden.
Den Tag Jerusalems, HERR,
rechne den Edomitern an,
die sprachen: Nieder, nieder mit ihr
bis auf den Grund.
Tochter Babel, der Vernichtung geweiht,
wohl dem, der dir die Untat heimzahlt,
die du an uns getan hast.
Wohl dem, der deine Kinder packt
und am Felsen zerschmettert.

psalm 137

an den strömen babels
sassen sie und weinten
verleumdet verfolgt getötet
immer wieder

der mord hat namen
gegen das vergessen
pogrom russisch
kristallnacht deutsch
holocaust latein

und jetzt
soll ich singen
wohl dem der dir heimzahlt
tochter babel
deine kinder am felsen
zerschmettert

die blutströme gazas
erfüllten den wunsch
die kinder dahin
der fels
aufgerüstet von vielen
zerschmetterte das volk

wir schweigen
und mahnen an
ein elftes gebot
du sollst vergessen

und gott

mir war
als hätte ich
ihn gesehen
auf golgota
weinend

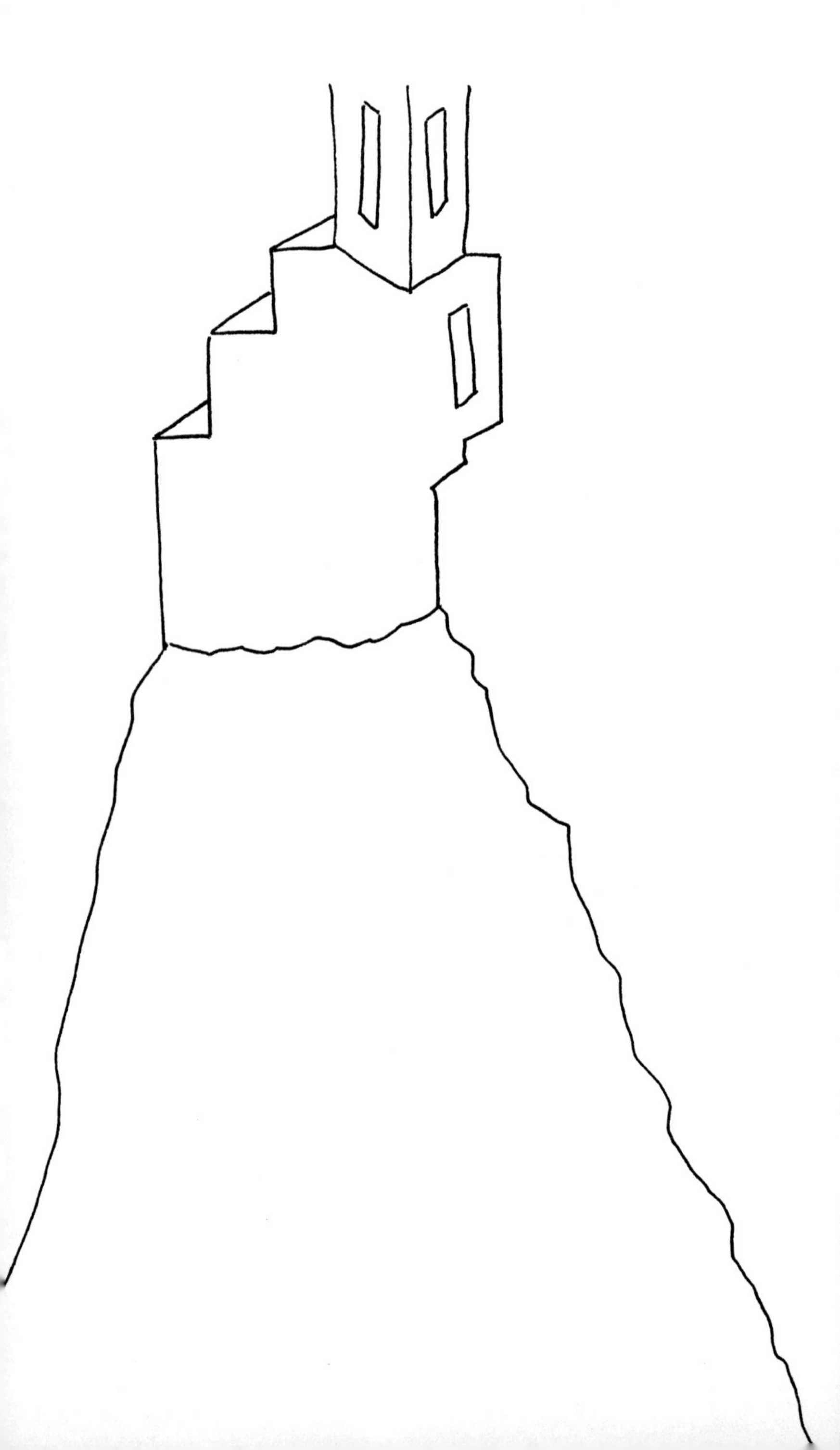

rufen wir weiter aus der tiefe

turm

PSALM 139

Für den Chormeister. Von David. Ein Psalm.

HERR, du hast mich erforscht, und du kennst mich.
Ob ich sitze oder stehe, du weisst es,
du verstehst meine Gedanken von fern.
Ob ich gehe oder liege, du hast es bemessen,
und mit allen meinen Wegen bist du vertraut.
Kein Wort ist auf meiner Zunge,
das du, HERR, nicht ganz und gar kennst.
Hinten und vorne hältst du mich umschlossen,
und deine Hand hast du auf mich gelegt.
Zu wunderbar ist es für mich, dies zu erkennen,
zu hoch, ich kann es nicht fassen.
Wohin soll ich gehen vor deinem Geist
und wohin fliehen vor deinem Angesicht?
Stiege ich hinauf zum Himmel, du bist dort,
und schlüge ich mein Lager auf im Totenreich, sieh, du bist da.
Nähme ich die Flügel der Morgenröte
und liesse mich nieder am äussersten Ende des Meeres,
auch dort würde deine Hand mich leiten
und deine Rechte mich fassen.
Und spräche ich: Finsternis breche über mich herein,
und Nacht sei das Licht um mich her,
so wäre auch die Finsternis nicht finster für dich,
und die Nacht wäre licht wie der Tag,
Finsternis wie das Licht.

Denn du bist es, der meine Nieren geschaffen,
der mich im Leib meiner Mutter gewoben hat.
Ich preise dich, dass ich so herrlich, so wunderbar geschaffen bin;
wunderbar sind deine Werke,
meine Seele weiss dies wohl.

Mein Gebein war dir nicht verborgen,
als ich im Dunkeln gemacht wurde,
kunstvoll gewirkt in den Tiefen der Erde.
Noch bevor ich geboren war, sahen mich deine Augen,
in deinem Buch war alles verzeichnet,
die Tage waren schon geformt,
als noch keiner von ihnen da war.
Mir aber, wie schwer sind mir deine Gedanken, Gott,
wie gewaltig ist ihre Zahl.
Wollte ich sie zählen, es wären mehr als der Sand,
wache ich auf, ist mein Sinn noch bei dir.
Wolltest du, Gott, doch den Frevler töten!
Ihr Mörder, weicht von mir.
Sie sprechen von dir voller Tücke,
es erheben sich deine Feinde im Wahn.
Sollte ich nicht hassen, HERR, die dich hassen,
sollten mich nicht ekeln, die sich gegen dich auflehnen?
Ich hasse sie mit glühendem Hass,
auch mir sind sie zu Feinden geworden.
Erforsche mich, Gott, und erkenne mein Herz,
prüfe mich und erkenne meine Gedanken.
Sieh, ob ein gottloser Weg mich verführt,
und leite mich auf ewigem Weg.

psalm 139

von david

schlüpfst in deinen glauben
oben unten links und rechts
und ganz innen drin in dir
dein gott
der dich schuf im bauch deiner mutter
wunderbar
deine tage vorhersah und sorgt
dass das dunkle nicht dunkel
das böse nicht böse
deine seele weiss das
hüllt sich selbstzufrieden
in göttlichen duft

du
das tun die bigotten
bittest
gott möge dich prüfen
ob vielleicht nicht doch
ein verfängliches dich verführt

und siehst nicht vor dir
deinen gottlosen weg
ekelst dich vor denen
die nicht sind wie du
nennst sie frevler, mörder,
überschüttest sie mit
glühendem hass
bittest um ihren tod

david
wirf deine frommen hüllen weg
erkenne was du bist
ein vielzüngiger mensch
und bitte gott
um ein neues herz

PSALM 141

Ein Psalm Davids.

HERR, zu dir rufe ich, eile zu mir,
vernimm meine Stimme, wenn ich zu dir rufe.
Als Rauchopfer stehe mein Gebet vor dir,
als Abendopfer das Erheben meiner Hände.
Setze, HERR, meinem Mund eine Wache,
hüte die Tür meiner Lippen.
Lass mein Herz sich nicht neigen zu böser Rede
und zu frevelndem Tun
mit den Übeltätern;
von ihren Leckerbissen will ich nicht kosten.
Schlägt mich der Gerechte aus Güte und züchtigt er mich,
so ist es Öl für das Haupt, mein Haupt soll sich nicht sträuben.
Gegen ihre Bosheit steht mein Gebet.
Fallen sie in die steinharte Hand ihrer Richter,
werden sie hören, wie freundlich meine Worte sind.
Wie beim Pflügen und Aufreissen der Erde
liegen unsere Gebeine zerstreut im Rachen des Totenreichs.
Doch auf dich, Gott, mein HERR, sind meine Augen gerichtet,
bei dir suche ich Zuflucht,
schütte mein Leben nicht weg.
Behüte mich vor der Schlinge, die sie mir legten,
und vor den Fallen der Übeltäter.
Die Frevler sollen in ihre eigenen Netze fallen,
ich aber gehe sicher daran vorbei.

psalm 141

von david

david
dein denken dein reden
brauchst schutz vor dir
willst nicht sein wie sie
dein gebet gegen ihre
bosheit
und dass einer sie richte
mit steinharter hand

da war einer
sie schlugen ihn ans kreuz
mit steinharter hand
er aber schrie
vergib ihnen denn sie
wissen nicht was sie tun

seither hängt er in unseren
kirchen
geschnitzt vergoldet
und wir stehen vor ihm
und beten mit dir
wer schlingen legt
verfange sich selbst

dann gehen wir
lächelnd

PSALM 142

Ein Weisheitslied Davids, als er in der Höhle war. Ein Gebet.

Laut schreie ich zum HERRN,
laut flehe ich zum HERRN.
Meine Sorge schütte ich vor ihm aus,
tue kund vor ihm meine Not.
Wenn mein Geist in mir verzagt,
kennst doch du meinen Pfad;
auf dem Weg, den ich gehe,
haben sie mir Schlingen gelegt.
Blicke zur Rechten und sieh,
niemand will mich kennen,
verloren ist mir die Zuflucht,
niemand fragt nach mir.
HERR, ich schreie zu dir,
ich spreche: Du bist meine Zuflucht,
mein Teil im Land der Lebenden.
Vernimm mein Flehen
denn ich bin sehr schwach.
Rette mich vor meinen Verfolgern,
denn sie sind mir zu mächtig.
Führe mich hinaus aus dem Kerker,
damit ich deinen Namen preise.
Die Gerechten werden sich um mich scharen,
weil du mir Gutes tust.

psalm 142

aus der höhle
von david

die wege verbaut
der geist verzagt
schrei zu gott und es
scharen sich um dich
die gerechten
so der psalmist
voll zuversicht

aber
es kamen
bedrängte
verschuldete
verbitterte
vierhundert mann
bereit zum kampf
griffen zum schwert
priesen den herrn
das lied im kopf
saul tausende
david zehntausende
gott ist gross

plötzlich
schaudert mich
vor diesem psalm

1. Samuel 21,12–22,2

David entkam in die Höhle von Adullam. Und es sammelten sich um ihn alle, die bedrängt waren, und alle, die verschuldet waren, und alle, die verbittert waren, und er wurde ihr Anführer, und so waren etwa vierhundert Mann bei ihm – und sangen: Saul hat seine Tausende erschlagen, David seine Zehntausende.

PSALM 143

Ein Psalm Davids.

HERR, höre mein Gebet,
vernimm mein Flehen,
in deiner Treue erhöre mich, in deiner Gerechtigkeit.
Geh nicht ins Gericht mit deinem Diener,
denn kein Lebender ist gerecht vor dir.
Denn der Feind verfolgt mich,
er tritt mein Leben zu Boden,
in Finsternis lässt er mich wohnen, ewig Verstorbenen gleich.
Mein Geist verzagt in mir,
das Herz erstarrt in meiner Brust.
Ich gedenke vergangener Tage,
ich sinne über all dein Tun,
erwäge das Werk deiner Hände.
Ich breite meine Hände aus zu dir,
meine Seele dürstet nach dir wie lechzendes Land.
HERR, erhöre mich bald,
es verschmachtet mein Geist,
verbirg dein Angesicht nicht vor mir,
damit ich denen nicht gleich werde, die hinabfahren zur Grube.
Lass mich am Morgen deine Gnade hören,
denn auf dich vertraue ich.
Tue mir kund den Weg, den ich gehen soll,
denn zu dir erhebe ich meine Seele.

Rette mich vor meinen Feinden, HERR,
zu dir hin fliehe ich.
Lehre mich, deinen Willen zu tun,
denn du bist mein Gott,
dein guter Geist leite mich
auf ebenem Grund.

Um deines Namens willen, HERR, erhalte mich am Leben,
in deiner Gerechtigkeit führe meine Seele aus der Not.
In deiner Güte vertilge meine Feinde,
und lass umkommen alle, die mich bedrängen,
denn ich bin dein Diener.

psalm 143

von david

vor gott ist keiner gerecht
das lehrt dich die not
die finstere grube
in der du sitzt
auf losem grund
dir selbst ein feind
david gegen david
noch lebst du
doch
dein herz erstarrt
die seele dürr
bist du tot

nur dein gott
dem du vertraust
breitest die arme aus
und hoffst
vielleicht
ist seine gnade zu hören
in der früh

du bist sein diener
läufst nicht weg
du denkst an die guten tage
einst
bevor diese grube war
in der du sterben wirst
wenn nicht

und betest
und bleibst

PSALM 146

Hallelujah.
Lobe den HERRN, meine Seele.
Ich will den HERRN loben mein Leben lang,
will meinem Gott singen, solange ich bin.
Vertraut nicht auf Fürsten,
nicht auf den Menschen, bei dem keine Hilfe ist.
Schwindet sein Atem, wird er wieder zur Erde,
gleichentags sind seine Pläne zunichte.
Wohl dem, dessen Hilfe der Gott Jakobs ist,
der seine Hoffnung auf den HERRN setzt, seinen Gott,
der Himmel und Erde gemacht hat
und das Meer und alles, was in ihnen ist,
der Treue bewahrt auf ewig,
der Recht schafft den Unterdrückten,
der den Hungrigen Brot gibt.
Der HERR befreit die Gefangenen.
Der HERR macht Blinde sehend,
der HERR richtet die Gebeugten auf,
der HERR liebt die Gerechten.
Der HERR behütet die Fremdlinge,
Waisen und Witwen hilft er auf,
doch in die Irre führt er den Weg der Frevler.
Der HERR ist König in Ewigkeit,
dein Gott, Zion, von Generation zu Generation.
Hallelujah.

psalm 146

baut nicht auf menschen
sagt der psalmist
sie sind keine hilfe
kein verlass
schwinden dahin
staub und asche
hallelujah

und
überlässt seinem gott
die hungrigen armen fremden
übergibt ihm
blinde gefangene und jene
deren mut mit füssen getreten
der herr soll sich kümmern
sagt der psalmist
hallelujah

da aber gott
kein brot hat die hungrigen zu nähren
kein tuch die armen zu kleiden
kein haus den fremden aufzunehmen
da gott
der stab fehlt den blinden zu führen
die macht dem gefangenen das tor zu öffnen
und der mutlose einen freund braucht

darum baut gott auf den menschen
wer ohren hat der höre

PSALM 149

Hallelujah.
Singt dem HERRN ein neues Lied,
sein Lob in der Versammlung der Getreuen.
Es freue Israel sich seines Schöpfers,
die Söhne Zions sollen jauchzen über ihren König.
Seinen Namen sollen sie loben beim Reigentanz,
mit Trommel und Leier ihm spielen.
Denn der HERR hat Gefallen an seinem Volk,
die Gebeugten schmückt er mit Heil.
Frohlocken sollen die Getreuen in Herrlichkeit,
jubeln auf ihren Lagern,
Lobpreisungen Gottes im Munde
und ein zweischneidiges Schwert in der Hand,
Rache zu vollziehen an den Völkern,
Strafgerichte an den Nationen,
ihre Könige mit Ketten zu binden
und ihre Edlen mit eisernen Fesseln,
an ihnen zu vollstrecken das geschriebene Urteil.
Ehre ist dies allen seinen Getreuen.
Hallelujah.

psalm 149

hallelujah
gottes lob auf der zunge
die kalaschnikow im arm
panzer in zerbombten städten
das recht gebrochen
korrupt der könig
freut euch des schöpfers
seine welt ist die hölle
hallelujah
gottes lob im mund
das schwert in der hand
zweischneidig
auf zur rache

und frage mich
ob es auch psalmen gibt
für den teufel
von seinen getreuen

PSALM 150

Hallelujah.
Lobt Gott in seinem Heiligtum,
lobt ihn in seiner starken Feste.
Lobt ihn um seiner machtvollen Taten willen,
lobt ihn in seiner gewaltigen Grösse.
Lobt ihn mit Hörnerschall,
lobt ihn mit Harfe und Leier.
Lobt ihn mit Trommel und Reigentanz,
lobt ihn mit Saiten und Flöte.
Lobt ihn mit klingenden Zimbeln,
lobt ihn mit schallenden Zimbeln.
Alles, was Atem hat, lobe den HERRN.
Hallelujah.

psalm 150

hallelujah
hallelujah
lobt und singt

jedes ende ist schwer
das weiss der psalmist
es fehlen die worte
bleibt die musik

für seinen herrn
in seinen mauern
der fahnenmarsch
trommeln hörner
schallende zimbeln
flöten
meist falsch
die harfe
zu leise

und fragt sich keiner
ob gott gefallen hat
am lärm
der loberei

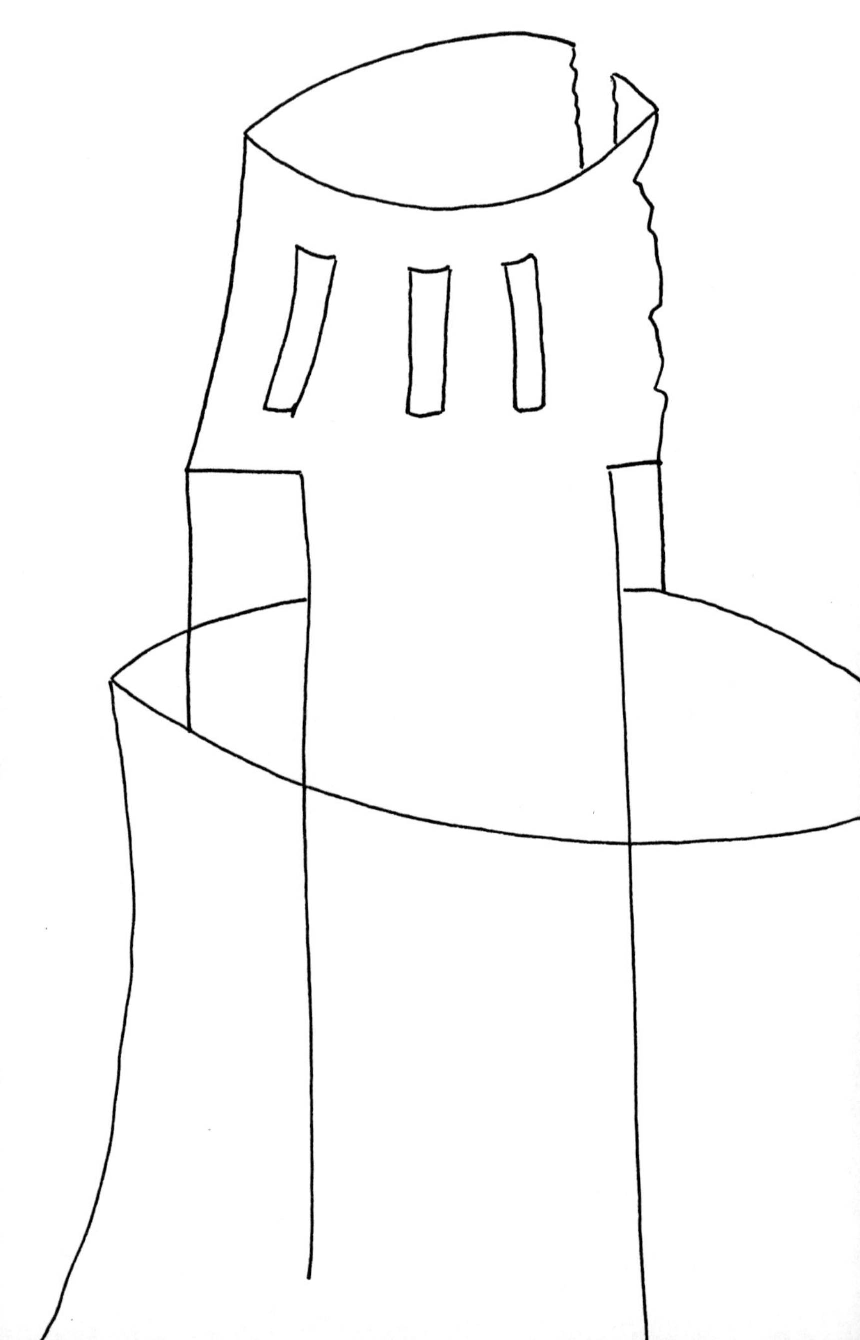

und gehen lächelnd

turm

Hersteller:
TVZ Theologischer Verlag Zürich AG
Schaffhauserstr. 316, CH-8050 Zürich
info@tvz-verlag.ch

Verantwortlicher in der EU gemäss GPSR:
Brockhaus Kommissionsgeschäft GmbH
Kreidlerstr. 9, D-70806 Kornwestheim
info@brocom.de

Weitere Informationen bezüglich Produktsicherheit finden
Sie unter: www.tvz-verlag.ch/produktsicherheit